完美的正义

熊秉元谈法律经济学

熊秉元 著

人民东方出版传媒
东方出版社

图书在版编目（CIP）数据

完美的正义：熊秉元谈法律经济学 / 熊秉元 著. — 北京：东方出版社，2019.3
ISBN 978-7-5207-0388-8

Ⅰ.①完⋯　Ⅱ.①熊⋯　Ⅲ.①法律经济学—研究　Ⅳ.①D90-056

中国版本图书馆CIP数据核字（2019）第018835号

完美的正义：熊秉元谈法律经济学
（WANMEI DE ZHENGYI XIONG BINGYUAN TAN FALÜJINGJIXUE）

作　　者：熊秉元
责任编辑：王　端　叶　银
出　　版：东方出版社
发　　行：人民东方出版传媒有限公司
地　　址：北京市东城区东四十条113号
邮　　编：100007
印　　刷：北京汇瑞嘉合文化发展有限公司
版　　次：2019年3月第1版
印　　次：2019年3月第1次印刷
开　　本：880毫米×1230毫米　1/32
印　　张：9.25
字　　数：185千字
书　　号：ISBN 978-7-5207-0388-8
定　　价：49.00元
发行电话：（010）85924663　85924644　85924641

一连串的穿越

这本书的书名，是《完美的正义》；相信不少人看到之后，第一个联想是：作者的头脑有问题啊！依我浅见，作者的头脑没有问题！在进入主题之前，可以先小小地澄清一下。

2018年，我出版了一本书的书名是《不完美的世界》；在书名之后，其实应该有一个惊叹号：《不完美的世界！》。在这本书的书名之后，其实也应该有一个问号：《完美的正义？》两本书的书名，可以稍稍呼应，有点小小的情趣。然而，中文世界里，书名之后通常不加标点符号。因此，书名少了问号，让读者对作者的头脑产生了问号！

这本书分成四部分，各有四篇文章；内容的涵盖面很广，但是都和法律及经济分析有关。而贯穿这些材料的主旋律，其实是"穿越"这两个字。稍微琢磨书中的文字，再回想这些年来自己的脚步，至少有四种不同的"穿越"；性质不同，层次不同，困难程度不同，趣味当然也不同。

首先，最明显的穿越，是由经济学探讨法学问题，这是两个学科之间的穿越。法律经济学，是利用经济分析的工具探讨法学问题；由1960年发轫，至今已经超过了半个世纪。而在经济学里有一个领域，是"制度经济学"；法律是典章制度的一部分，因此援用经济分析的概念和架构，探讨法学问题，是顺理成章、水到渠成的探索。而且，经济学者进入其他社会科学多年，成果丰硕；政治（布坎南，J. Buchanan）、社会（贝克尔，G. Becker）、法学（科斯，R. Coase）和历史（诺斯，D. North），都已经得到诺贝尔奖的肯定。所以，在智识活动上，经济学者进入法学并不困难。

当然，法学传统的方法论不同，处理问题的重点不同（官司，在理论和实务上，都很重要）；因此，用经济分析探讨法学问题，有一些特殊的挑战，也有一些别致的趣味。在中文世界里，法律的经济分析还在起步阶段；离步上坦途，走上康庄大道，还有一段距离。大体而言，经济学到法学的穿越，不算困难。

其次，是在专业同侪团体和社会一般大众之间，一种微妙的穿越。多年以来，除了学术论文之外，我也撰写了大量的社普文章（社会科学普及化）。社普文章，文字必须晓白畅顺，固不待言；对于学术论文，我也几乎不用方程式和数学，主要是阐释理念。动笔论述时，我尽可能地平铺直叙，希望大学以上的读者，都能看得懂。这种做法当然会有副作用。曾经一位大学教授告诉我："你的论文写得太晓白了，文字要晦涩难懂一些，看起来比较有学问！"

还有，另外一个小经历值得回顾。多年前我写了一篇论文，臧否两位诺贝尔奖得主（科斯和贝克尔）的方法论。完成之后，我寄给波斯纳教授（Richard Posner），请他指正。众所周知，波斯纳和贝克尔是挚友（两人合作的博客，影响海内外），而和科斯是畏友（两人的歧异，见诸于语言文字）。我的立场，刚好和波斯纳相反。没想到，他看完短文（十页左右）除了肯定，还主动邀稿；这篇短文，后来刊登在他主编的《美国法律经济学论丛》（*American Law and Economics Review*）。

　　然而，这篇论文的中文原稿，却曾被一本中文优质学术期刊直接拒绝，认为不够学术。因此，在学术论文和社普文章之间行走穿越，身段和架势如何，有特别的趣味和风险。还好，多年以来，我坚信：真佛只讲家常话，道理可以浅中求！专业和社普之间的穿越，泰然处之，问题不大。

　　再其次，是校园内和校园外之间的穿越。我一直觉得，大学校园是很特别的地方。根据我的接触和观察，有些人的性格和能力，在社会上，可能处处碰壁，无处容身。但是，大学的校园，却可以包容他们的特立独行和才能智慧。反躬自省，我认为自己也是其中之一。所以，很早以前就自我定位，不要担任行政职务，不要进入行政体系。在校园里安身立命，自娱娱人，即可。然而，因缘际会，除了学校里的研究生和大学生之外，我也应邀在培训班里上课；面对的是各行各业人士，特别是公检法律界的朋友。近年来，甚至走进两岸的检察院和法院，和第一线的司法精英直接、面对面地切磋论对。以经济学者的身份走进法院、检察院，阐释如何处理司法案件；这种穿越的幅度，确实有点可观。不过，让证据说话，培训学员和公检法律界朋友的反应，往往是"听君一席话，脑海中波涛汹涌，激起千层浪；然后，豁然开朗"。

最后，是两岸及港澳之间的穿越。又是因缘际会，在台湾大学长期任教之后，我于2014年全职进入浙江大学。而且，这些年来，在两岸及港澳的高校里，我都担任过教职；教授法律经济学密集课程的法学院，至少有20所。在祖国大陆生活工作，无论在饮食起居、语言文字上，都是新奇的经历。眼中所见和耳中所闻，好像扩充了感官的活动空间。（譬如，"一百个人，就有一百部哈姆雷特。"这种说法，在台湾几乎没有人用。但是，在大陆，学生报告里，每年我至少会看到五次！）刚开始，我觉得自己是客人，适合当旁观者，多观察；时间久了，数据库慢慢地充实。对于社会现象（徐玉玉诈骗案、电梯劝烟猝死案、宝马刺青哥事件、重庆大巴坠江事件等等），也觉得有足够的掌握，可以发而为文。自己的身份，由"旁观者"逐渐地变为"参与者"。这种穿越，微妙而别致！

一连串的穿越，超过四分之一个世纪；还有一件，在出书之际，不妨记下一笔，作为注脚。多年前，我的两篇散文被台湾的高职《国文》课本，选为课文，和李白杜甫的文章比肩。2018年6月，上海高考的语文测验，又以我的文章出题（"喜怒哀乐的逻辑"，阅读思考题，共16分）。这种由经济学到文学和语文的穿越，倒是我始料所未及。

穿越，还在继续……

目录
Contents

第一篇　法在法之外

第一章 六个"法学"问题 ?!

1. 前言

在英美的主要报纸里，法律和司法是非常重要的一环。譬如，美国的《纽约时报》有专人报道最高法院的判决，并且提出分析和评论。英国的《电讯报》（*Telegraph*），每周四有特别版面，报道上一周各级法院的重要决定；五到七则的报道里，有案情摘要，官司争议所在、判决、主要理由和双方诉讼代表姓名等等。

这些材料，除了是陈述事实的"新闻"之外，其实还有很重要的社会功能。透过这些报道，读者了解社会百态、各种纠纷所在以及法院的立场。读者可以体会到法律的曲折和行为的界限所在，可以设身处地感同身受。相形之下，华人社会里，至少在 21 世纪初，类似的报道，还不是报纸的正常内容。和法律有关的材料，大部分是出现于社会版（食人魔）或政治版。法律，似乎和一般人的生活无关。造成这种现象，有诸多原因。其中之一，是一般民众觉得法律遥不可及，涉及专业术语和专门知识。

在这一章里，希望由比较平实的角度阐释"法律"；接着提出六个问题，再自问自答，希望能烘托出法律和法学的身影。题目中的问号，呼应读者可能的质疑——这些是"法学"问题吗？惊叹号，表示答案是肯定的——这些确是"法学"问题。

2. 鲁滨孙是诚实的吗？

在鲁滨孙一个人的世界里，他自然而然地发展出很多情绪，以面对环境。这些不同的情绪，对于他的生存和福祉，都发挥了重要的功能。

当他进入森林，追捕鸟兽，因为不小心，踩进泥沼，惊动了猎物，自己也费了很大的气力才脱身。一身狼狈，两手空空，他觉得很懊恼。"懊恼"的情怀，发挥了两种功能：自己犯了错，尝到苦果，懊恼是一种反应；是对自己当时处境的总结，也是对自己的处置——惩罚。更重要的，是这一次的懊恼，将会是下一次的提醒；未来再面对类似的情境时，不要犯同样的错误。

因此，懊恼不但处理了已经发生的事，也对未来的行为产生影响。在重复赛局里，这种情怀发挥了某种功能（function）；长远看来，显然有助于鲁滨孙的生存和福祉。而且，不只懊恼具有这种特质，其他的诸多情绪，也都是如此。既然发挥了某种功能，这些情绪就好像是"工具"（tool-like arrangements）。不过，这些工具，只和鲁滨孙个人有关；当星期五出现之后，在两个人的世界里，他们会发展出一些其他的工具——诚实，就是其中之一。

根据小说，鲁滨孙救了星期五，并且成了他的主人；主人和仆人，符合英国社会里主人和管家（butler）的阶级制度，是当时"政治正确"（politically correct）的情节。主仆从属的相对关系，当然和平等共存的情况不同。平等和不平等的内涵、雕凿的过程，也很值得琢磨。不过，关于两人之间的互动，焦点暂时可以放在"诚实"这个特质上。

如果两人约好，鲁滨孙在茅屋附近种果菜，星期五外出狩猎；结果，日落西山时，星期五空手而回。鲁滨孙问他："在外面一整天，你是随处游荡，还是认真打猎？"星期五回答："一整天都全力以赴。"星期五知道自己有没有卖力，鲁滨孙却不知道；两人之间，存在着信息不对称（asymmetric information）。这时候，面对星期五的回答，鲁滨孙该怎么解读这个讯息呢？图 1-1，就呈现了这种微妙的情境：

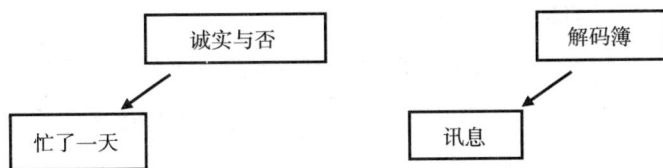

图 1-1　信息不对称下，诚实是解码簿

面对星期五的回答，鲁滨孙要设法解读；如果过去相处的经验里，星期五一向说话算话，鲁滨孙就接受他的说法。如果他过去说话不太实在，鲁滨孙就可能有所保留。因此，根据星期五"诚实与否"的特性，鲁滨孙解读他面对的讯息。图1-1右边表示，诚实与否的特性，就像是一个解码簿；鲁滨孙利用这个解码簿，解读星期五提供的讯息。

由此可见，就像懊恼等情怀，诚实也像是一种工具，有功能性的内涵。依此类推，人际相处时的信任、猜忌、交情、敌视，都发挥了某种作用，无论是正面还是负面的作用。

3. 为什么我要知道你的心？

诚实，可能是与生俱来的特质，可能是后天环境所造成，也可能同时受先天和后天的影响。无论形成的原因如何，这种特质有助于处理"信息不对称"的问题。因此，问题的焦点，似乎由"诚实"不知不觉地移转到"信息"。那么，信息为什么重要呢？特别是对法律而言？

在某些方面，司法体系似乎有意地贬抑信息。譬如，"法律之前，人人平等"，意味着在衡量曲直时，不应该考虑当事人的身份背景、智愚贤不肖；司法女神的雕像，有一匹布覆盖着眼睛，原因在此。不过，虽然在某些方面，司法体系刻意过滤掉信息；在其他方面，司法运作上，信息其实占有非常重要的地位。两个例子，可以约略反映其余。

首先，一旦刑案发生，如果嫌犯自首，各国法律通常减轻刑责。主要的考虑，是嫌犯自首，警方无须再耗用人力物力，也免除了波及无辜的可能。因此，自首之后，可以大幅节约司法资源；为了提供自首的诱因，减轻刑责是最直接的方式。自首，就是把犯案的信息，主动提供给警方。此外，有些刑案，是当事人冲动盛怒之下，一时失手。平静之后，对于自己的行径，往往后悔不已。这一类的刑事犯，被处罚（出狱）之后，再犯的可能性很低。因此，为了避免这些人在案发后一错再错、小错变大错，就以减轻刑责鼓励自首。其次，是犯罪动机。经济活动里，通常只注意行为（act），而不考虑动机（motive）。买电视，不管是要看体育节目、影片、综艺节目；或出远门时放大声音，假装有人在家、防贼；或让小朋友看电视玩游戏机，免得在外游荡或上网吧；无论理由（动机）如何，电视机的售价相同。然而，在司法体系里，却不是如此；动机如何，非常重要。

临时起意、顺手牵羊的小偷和以此为业的惯窃，待遇不同；失手杀人和预谋杀人，刑罚也不同。主要的考虑有两点：第一，如果是预谋，犯案经过计划，安排掩护、伪装和脱逃路线等，通常比较难缉捕；相反，如果只是一时冲动，考虑不周，容易留下线索，缉捕成本比较低。因此，对于预谋的犯行（planned crime），值得以较重的惩罚遏阻。第二，预谋犯难逮，因此可能长期犯案，造成重大的影响，耗用可观的司法成本。美国的"炸弹客"（unabomber），犯案前后达17年；20次邮包炸弹，造成 5 人死亡，31 人受伤。近 20 年的岁月里，美国联邦和地方政府投入调查的人力物力，非常可观。还有，2001 年在纽约发生的"9·11"恐怖袭击事件，当然不是临时起意；除了两栋摩天大楼倒塌、财产损失之外，包括消防队员在内，约有 3000 人死亡。这是预谋，而计划的首脑，几年之后才被击毙。因此，基于这两种考虑，就值得对预谋犯加重刑罚。预谋与否，动机为何，显然是一个重要的"信息"。

另外一个重要的例子，是初犯和累犯的差别待遇。在"审讯"阶段，累犯的记录，可不可以呈堂参考？还是一旦认定有罪，只能在"量刑"时斟酌？当事人是否为累犯的这个信息，显然很微妙；因为涉及的考虑很多，暂且放下不论。

4. 为什么原始部落的人，讲话文绉绉？

鲁滨孙和星期五的两人世界，以及以游牧或狩猎为主的部落，自然不同。不同，是指面对的问题不同，而发展出处理问题的工具也不同。两个具体的事例，可以参考。

19 世纪时，到蛮荒或极区探险，是欧美社会众所瞩目的新闻事件。当时，成为登上北极的第一人，是令人垂涎的大奖。欧美的探险家，由政府或私人资助，组成船队，投入竞赛。因为极地环境险恶，加上设备和科技的限制，经常有伤亡。最惨重的一次，是英国法兰克林（John Franklin）所率领的探险队。

1800 年出发时，全队有 119 人；后来船只被坚冰所困，探险队弃船而行。一路折损，最后全军覆没。失败的原因有很多，其中之一是大规模、大阵仗式的做法，不适合冰天雪地的极区。爱斯基摩人，通常以三到五人的小团体，在极区活动；设备简便，行动灵活。

另外一件史实，是人类学家发现，某些原始部落里，一般人遣词用字都很典雅婉转。部落的居民住在茅草屋里，使用原始的器具，穿着简陋的服装。然而，他们的语言，却很温和，不太涉及别人的隐私，不太批评别人。为什么？

语言，是一种工具，也隐含某种"游戏规则"。工具和规则，都会受到相关条件的影响。原始部落里，大家住茅草屋，鸡犬之声相闻，几乎没有隐私。一旦言谈之间伤及邻居，很可能邻居就会登门问罪。因此，言辞温和，有以致之。现代社会，一般人住钢骨大厦，水泥钢板为墙；隐私性增加，谈话不容易得罪人，遣词用字自然比较率性而直接。

无论是爱斯基摩人或原始部落，都面对许多问题。大自然的考验以及彼此之间如何相处，直接影响他们的生存、福祉和繁衍。因此，经过长期的演化、尝试和错误（trial and error），他们会自然而然地发展出一些游戏规则。这些规则，受演化过程中各种力量（evolutionary forces）的雕塑，和大自然，和虫鱼鸟兽，和人类自己，都有明显的互动关系；和道德论述，和哲学家，和警察军队，和国家机关，都没有明显的关联。

思索人类社会的游戏规则，以原始社会为基础，往往是好的开始，也是好的参考坐标。

5. 为什么禁二手烟、不禁二手香水？

二手烟和二手香水的差别，似乎简单明了。二手烟对别人造成伤害，违法；二手香水，赏心悦目，没有违法。然而，无论是香水或香烟，问题都未必像表面上那么简单。

2002年，台湾南部发生了一件很特别的纠纷。相邻两户人家，为了"夜来香"而起了争执。一方表示，街坊邻居长年相处，本来相安无事；后来，邻居在后院里种了一株夜来香。两三年之间，长成3公尺高、2公尺宽的大树。一年里有九个月，夜半开花，香味浓郁，四处飘散。刚好家中长辈对香味敏感，又有高血压；夜来香开花时节，不但无法入睡，而且血压高升，全家惶惶不可终日。同时，也已经取得诊断证明，证实夜来香和症状之间的关联。另一方表示，双方过去确实相处和睦，自己也多次修剪枝叶，希望减少花香。不过，花是种在自己的后院，而且一般人都觉得花香怡人；邻居一再抗议，他不知道自己何错之有。虽然夜来香种在自己的院子里，但是香味却随空气飘散；如果主人只管"花"而不管"香味"，那么，猪圈排放的臭味，或化工原料散发的异味，都可以有推托之词。

"二手香水"的例子，当然不限于台湾。2005年5月，美国地方法院判决，在新闻台工作的资深主持人艾琳·韦伯（Erin Weber）胜诉；另一位女主播，使用香味特浓的化妆品；在狭小的空间里，她无处可避，长期忍受，精神和肉体都受损。电台对她的抗议置之不理，她控告要求赔偿。显然，对一般人而言是香水，未必对特定（可能是极少数）的人也是"香水"。

相形之下，二手烟的情形，看起来简单，其实未必。烟和酒，历史悠久，和人类文明息息相关。禁二手烟，只是最近二三十年的事情，而且只有在所得水平比较高的国度里。禁二手烟的主要理由，是医学研究证明，一般人吸二手烟，会对身体造成伤害；医学研究也证明，对吸烟者本身，长期而言也有损健康。不过，即使最积极的国家，目前也只是采取双轨制：禁止二手烟，以保障其他人；提高香烟价格，加上限制吸烟区域，间接地增加吸烟的成本，以抑制吸烟。然而，法令上并没有直接规定不准吸烟。

也就是，目前先进社会的做法，是具体地处理了二手烟的问题；但是，只局部、间接地处理了吸烟者本身的问题。吸烟者本身健康的损害，以及透过社会保险或全民健保，对其他人增加的负担，却并不直接处理；重要原因，是直接处理的成本太高。即使是间接处理，一旦香烟价格继续上升，黑市会出现，进而猖獗，就像毒品一样。因此，烟和酒类似，只能抑制和管理到某一个程度；否则，可能会引发其他更严重的问题。

二手香水（和夜来香等），至少到目前为止，还不是大问题；一旦真的发生问题，只针对个案处理。其实，二手烟和二手香水在性质上相同，都是个人行为对其他人造成（不利）的影响。主要的差别，只是负作用的大小而已。

6. 两个石头孰轻孰重？

学期开始，第一堂课，老师走进教室之后，从口袋里掏出两个石头；形状不一，大小相近。老师问学生：这两块石块，哪一个轻，哪一个重，怎么决定？教室里冒出一句：找个秤，称一下，不就行了吗？全班哄堂大笑，只有老师微微一笑。有秤，当然简单，如果没有秤呢？在鲁滨孙的世界里，他怎么决定轻重？在鲁滨孙和星期五的世界里，两人又怎么决定？

21世纪初，现代化的社会里，度量衡随处可见；连小学生都知道，1000克等于1公斤，1000公斤等于1吨。可是，手上的一块猪肉或一颗苹果，到底重量是多少呢？传统市场里，可能还有少数小贩，用长长的手吊秤；超级市场里，大都用弹簧秤或电子秤。弹簧秤和电子秤比手吊秤准，准多少呢？往前推一步，弹簧秤和电子秤，本身也是工厂的产品；经过质量管理，再出厂上市。工厂所依据的，又是什么呢？制秤工厂里，有一些砝码，放在防尘防湿柜里；利用这些砝码，可以测试各种秤的准确度。制秤工厂的砝码，准不准呢？为求精确，各国都有特设单位，提供重量的基准。因此，特设单位有的基准，比民间的更精确，也保护得更周密。一路往上推，设在巴黎的国际计量局（International Bureau of Weights and Measures）里，保存着最后的基准，是一个铂（platinum）和铱（iridium）合金的圆柱，铂和铱的比例是90%和10%，重1公斤。这是自1889年起，世界各国依赖的标准，公认精密度最高。

这个追本溯源的故事，至少有两点启示：重量，是度量衡里重要的一环；人们利用大自然的材料，作为比较轻重的基准。但是，国际计量局的权威，是来自各国专家的"公认"；也就是，专家们接受国际计量局所保存的标准，再以这个标准作为其他标准的基础。另一方面，一般社会大众相信磅秤，其实和专家会接受国际计量局一样；只要"没有异议"，磅秤就能发挥量度的功能。因此，表面上看起来非常客观的作为，其实是立基于人们主观上的判断——愿意接受、没有异议。

度量衡，可以帮助处理轻重长短大小的问题。因此，度量衡是一种"媒介"（medium）、一种工具，有助于沟通、传递讯息，有助于解决纷争，也有助于促成交易。然而，在许许多多的地方，度量衡不是关键所在；问题的焦点，是如何阐释度量衡。英国一位妇人的两名婴儿，分别是 11 个半月大和 4 个月大，先后猝死；妇人被控以谋杀。初审时，医学专家提出证词：同一个家庭里，两名婴儿连续猝死的几率，非常非常小（incredibly long odds）。经过讨论，陪审团认定妇人有罪。上诉时，辩护律师主张：对于统计数字，专家之间还有争议；而且，案件所涉及的，不是统计数字本身，而是对几率的推断，以此作为定罪的基准，并不可靠。上诉法院的法官们，同意这个论点。2005 年 4 月，英国上诉法院同意被告的上诉，作出"发回重审"的判决。

显然，对于轻重大小长短，度量衡是有效的利器。在其他范围里，则必须发展出其他的"尺度"（measure）；享受尺度的功能，也承担尺度本身的局限或缺失。

7. 世界大赛里，投手要打击吗？

两个石头，孰轻孰重，容易比较；两幅画，哪一张漂亮，不容易比较。两车相撞，谁对谁错，可能介于两者之间。也就是，轻重、美丑、是非，都涉及价值的排序（ordering）；要决定适当的排序，难易程度不同。由简单到困难，可以想象成一道光谱（a spectrum）；光谱上有很多点，代表不同性质的排序。

一旦需要排次序，显然就隐含采取了某种量尺（measure）；度量衡可以决定长短轻重大小，但是是非和美丑等排序，却必须依赖其他的量尺。奥运会里的裁判，是一个好的参考坐标（reference framework）。对拳击赛的裁判而言，重点是放在两人的差异上；对花式溜冰等的裁判而言，雕凿自己心中的量尺，更为重要。

世界大赛（World Series），不能顾名思义；因为，至少到目前为止，这是指限于美国和加拿大球队参加的职业棒球冠军赛。1903年起，球季里美国联盟（American League）和国家联盟（National League）先产生各自的冠军，然后进行一场七战四胜的冠军争霸赛，称为世界大赛。

美国职棒的掌故，当然点点滴滴，几乎是"罄竹难书"。譬如，两个联盟的差别之一，是美国联盟自1973年起已经采用投手代打：投手不上场打击，而由另一位打击担任代打（designated hitter）。在国家联盟里，投手还是要轮流上场打击。根据专业分工，投手是灵魂人物，投得好比打得好重要得多。因此，在国家联盟，投手的打击率通常很低，而且大多被排在最弱的第九棒。一旦轮到投手打击，大家都期望他会三振出局，攻击火力暂歇。各队都是如此，所以也就相安无事。

两个联盟规则不同，教练调度的策略和球员的结构有差别，也就不在话下。不过，一旦世界大赛开打，球队来自两个联盟，投手要不要上场打击呢？经过协议，目前的做法是，在国家联盟的球场比赛，投手要打；在美国联盟的球场比赛，投手不打。也就是，入境随俗，在罗马照罗马人举止（Do in Rome as the Romans do）。美国联盟的投手，正常球季里从来不拿球棒，世界大赛里偶尔不得不上场挥棒，动作往往夸张可笑（目前，正常球季里，美国联盟的球队需要跨联盟，和国家联盟的球队碰面。所以，美国联盟投手，上场打击的机会增加）。此外，投手打击之外，世界大赛由哪一个主场先开打呢？抽签、比两队当年胜率、以上年世界大赛冠军所属的联盟为准，显然都是可能的游戏规则。类似的例子，不胜枚举。

世界大赛里投手打击与否，涉及两个不同的联盟，各有各的游戏规则，各有各的历史传承、价值体系。一旦出现"跨领域"（over the boundary）的问题，如何妥善处理，是很微妙的问题。因为，在棒球场之外，输赢不再是游戏，而是人生。

譬如，日本旅客在法国租车自助旅行，因为不谙交通规则和当地习俗，撞坏了民宅和花园。处理这个纠纷，是用日本的法律还是法国的法律呢？如果两个泰国观光客，在英国发生斗殴，彼此造成伤害，当地警方介入。一旦打官司，适用英国法律还是泰国法律？还有，一艘巴拿马注册的货轮，在公海发生火警；拖到新加坡的船坞修补。船主无力偿还费用，船坞扣留货物，货主提出告诉。由哪一个国家的法庭处理比较好呢？为什么比较好？

这些案例，还有许许多多类似与不类似的例子，本质上就是国家联盟和美国联盟问题的翻版和扩充。美国职棒在考虑游戏规则时，可能要斟酌不同的因素：使球赛更公平，使球赛最能吸引观众，使球员受伤几率低，使球团赚钱更多。这些因素（价值）之间，有的互补，有的冲突。处理旅客和商船等官司时，同样是面对"游戏规则"的问题；许多因素，都自然而然地牵涉其中：国家之间有没有邦交、有没有法律协约、找出真相成本的高低、善后和执行的难易等等。

这么看来，"入境随俗"到底是一个传统智慧，还是一个法律观念，或者是两者的某种糅合呢？

8. 由鲁滨孙到世界大赛，到底启示为何？

由鲁滨孙开始，到星期五加入，转折到诚实；然后，转移到两个石头的轻重，最后是奥运竞赛的裁判，以及美国职业棒球冠军争夺赛。这一章涵盖了很多"故事"，也试着通过自问自答，直接间接地处理一些问题。经历过这许多故事之后，似乎值得做一总结，把前面的各种斟酌，纲举目张地处理归纳。其实，故事很简单，道理也很简单。

首先，由生活经验里，鲁滨孙发展出的规则，职业棒球的游戏规则，以及其他的规则，内容虽然不同，性质上却是一致——都是"工具"；以这些规则为工具，可以发挥某些作用，达到某些目的。其次，虽然都是工具，都希望发挥作用，以达到目的；可是，目的本身却可能南辕北辙。鲁滨孙所萃取出的丛林法则，适之则生、逆之则亡；攸关生死，不是儿戏。另一方面，拳击赛的规则，可能是让各个量级（重量级、轻量级等）里，最强悍的人获胜；花式溜冰的规则，可能希望兼顾技巧与艺术成分。职业棒球的规则，看似处理棒球，其实着眼于娱乐；长远来看，愈能提供娱乐，愈能吸引观众（和篮球、足球、冰上曲棍球竞争），当然愈好。

再次，操作各种（游戏）规则的方式，也不尽相同。鲁滨孙的世界里，由他自己提供奖惩；星期五出现之后，两个人同时是球员，也同时是裁判。奥运会和美国职棒，关系重大（地位、名誉和商业利益），所以由第三者，甚至是职业裁判来执法。职业裁判（professional referees），就像全职法官（full time judges）一样，以担任裁判为业。

球赛裁判和法官，有共同之处，而且都享受到社会大众的礼遇和尊敬；但是，法官得到的尊重，一般而言要高一些。原因之一，是裁判只管职业球员，法官却可能管得到社会大众。另外的原因，是职业竞技的裁判所操作的规则，和道德无关（除了运动道德）；法官所操作的规则是法律，而法律通常和道德密不可分。一般社会大众，日常生活和道德戒律息息相关；受道德影响的程度，可能甚于受法律的节制。因此，法官透过法律和道德的关联，间接地扩充法律的影响层面，也因而提升了本身的地位。

此外，球赛裁判和法官之间，还有一点微妙的差别。各项球赛和运动的裁判，通常只专精一项；英式足球的裁判，不太可能同时为美式足球执法。法官则不然，大陆法系的国家里，案件大致上分为民事和刑事；无论民事和刑事案件，都包罗万象。法官要在民事和刑事的屋顶下，娴熟很多项目的曲折。还好，和球赛裁判们相比，法官们也有特别的资源：参考过去的判例、引述各种法学论述、利用比较长的时间来思考——棒球赛里，刚进垒的是好球还是坏球，裁判必须马上作出决定！

最后，借着鲁滨孙到世界大赛一连串的故事，烘托出规则平实无奇的一面。规则，是一个大集合；法律，是集合的一部分，是子集合。利用各种生活化的"故事"，可以具体而清晰地感受到，规则的意义，操作时的曲折，以及阐释时的微妙。以"故事"来衬托法律，使法律更真实、更贴近生活、更具体明确。

9. 尾声

这一章里，引述了许多故事，真实和虚幻兼而有之。借着这些故事，讨论了相关的一些问题。当然，故事引出的线头，还可以编织成其他的图像和世界；这篇文章里所触及的，最多只能算是起个头而已。不过，由这些故事和渲染里，也呼应了本文的题目。前面所讨论的，是六个"法学"问题吗？答案是：虽然只是微言小义，不过确实是六个"法学"问题——毕竟，法学这两个字加上了引号！

参考文献

"Babies-Expert evidence-Medical evidence-Murder-Sudden Infant Death Syndrome-Unsafe convictions-Expert evidence undermined-Cot death", Law Reports from Westlaw UK, Court of Appeal, April 21, 2005.

Karpoff, Jonathan M., "Public versus Private Initiative in Arctic Exploration: The Effects of Incentives and Organizational Structure", *Journal of Political Economy*, 109（1）: 38-78, 2001.

Posner, Richard A., *The Economics of Justice*, Cambridge, MA: Harvard University Press, 1981.

第二章 奥运规则与法学研究

1. 前言

本章尝试探讨奥运规则和法学之间的关联，而且是由经济分析的角度着眼。因此，重点有三：第一，奥运规则本身；第二，对法学研究的启示；第三，针对前两者，由经济分析所编织出的"故事"。当然，探讨的旨趣所在，值得先交代清楚。

首先，诺贝尔奖得主布坎南（James Buchanan）尝言：人生如戏（竞赛），而竞赛的规则有很多种。有的规则，是让生手也能上场一较短长；有些规则，是让运气的成分加重，增加竞赛过程的起伏；有些，则是让弱势的人（handicapped），也能参与，等等。法学所探讨的法律，是众多游戏规则之一，自然值得由较广泛的视角琢磨究竟。

其次，现代奥运，由 1896 年开始举办，至今不过比一个世纪稍长，中间还因为战乱而中断。然而，奥运的竞赛规则，在某些方面，是人类社会最精致的规则之一（禁药和性别检测等）。奥运规则的性质和变迁，对于法学研究自然有许多启示。再次，"法律和文学"（law and literature），探讨法律和文学之间的关联：由法律看文学，由文学看法律，已经是一个受人瞩目、成果丰硕的研习领域。相形之下，竞技与法律（law and games），由法律看竞技（如何追求公平），由竞技看法律（街角篮球规则的身影如何），似乎也是智识上有待开垦的土壤！

最后，另一位诺贝尔奖得主斯蒂格勒（George Stigler）尝言：经济学者的责任，是把经济分析弄得"客观、正确而有趣"（objective，accurate，and interesting）——经世济民的重责大任，不在其中。同样地，法学是学术活动，也可以变得"有趣"一些。本章尝试，不只要阐明奥运规则和法学间的关联，而且希望能烘托出法学研究"有趣"的面向。

2. 规则的变迁

奥运的项目烦琐，历年来竞赛规则有许多变化。但是，在较高的层次上，规则上有三个重要的变迁；和个别项目无关，却和整个奥运有重大的相关。其中之一，已经尘埃落定——放弃对业余参赛的坚持；另外两者，还在蜕变的过程里——辨认性别和检测，等等。这一节里，简单回顾这三者。

2.1 弃守业余

现代奥运伊始，强调运动精神，坚持参与者必须是业余身份。获得奖牌的选手，如果被查出曾经接受金钱，奖牌将被取消。最有名的例子之一，是十项金牌得主，美国的索普（Jim Thorpe，1888-1953），被检举曾接受报酬参加半职业的竞赛，取消金牌，以致潦倒酗酒终生。

然而，随着体育和商业关系日益密切，厂商以各种方式，"赞助"明星运动员。业余的坚持，名存而实亡。另一方面，东欧社会主义各国，以政府之力长期培训的运动员，早已不再是"业余"。再加上，各种职业球赛（美国的棒球和篮球、欧洲的足球），已经形成一个规模庞大的产业，商业利益可观。这些球员参加奥运，将带来数以亿计的观众和以百亿美元计的衍生利益。

在这些因素的交互运作之下，国际奥林匹克委员会终于决定，从 1984 年的洛杉矶奥运开始，放弃"业余参赛"的限制。奥运大门打开之后，观众人数、转播和广告收益等，果然大幅增加。和"业余时代"相比，相去不可以道里计。

放弃业余限制，至少有两点启示：首先，在奥运早期，当各国多数的运动员都是业余身份时，要维持业余的资格限制，相对容易。可是，当职业选手（由政府或观众资助／支持）成为多数时，四年一度的奥运会要捍卫业余这种非主流价值，难度愈来愈大。其次，奥林匹克精神里，其实包括许多成分，业余身份，只是其中之一。其余的价值，诸如公平竞争、激发潜能、追求卓越等，也很重要。放弃其中之一，并不致损灭奥运精神。相反的，职业球员/选手加入后，奥运的娱乐性上升，全球民众参与程度增加，是其他价值的发扬和提升。

2.2 性别之辨

在股票市场里，不会对男女投资者作出区分；在超市车站戏院机场里，也不会。可是，奥运会自举办以来，一直是男女同场，但是分开竞技（除了混合项目之外）。

在观念上，区分男女争议不大——男女分开竞技，比较公平。然而，在实际操作上，随着科技的进展，这项工作反而愈来愈困难。早期，区分男女的方式直接、粗糙而原始。在外观上，以喉结、胡须、胸部等直接判断。因为性别问题只针对女性参赛者，后来要求所有女性脱去衣物检查。这种做法，当然引发争议。而后，是根据染色体来区分，因为在绝大多数情况下，男女的染色体结构，有明显的差别。

然而，地球上几十亿人口里，能在奥运场上竞技的人，只是极少数的人。这些人在体能方面，和绝大多数人不同。同样的道理，在这些人里，就是有极其特殊的染色体结构，是居于男女之间的模糊地带。要归入男性，又有女性的特征；反之，亦然。因此，即使援用最先进的生化科技，在这些极其少数的特殊个案里，都不能有一刀两断的判断。自2000年奥运会起，国际奥委会采取的最新做法是：针对有争议的个案，由专家委员会分别认定，而不是明定区分男女的标准。

在日常生活里，男女之分不是那么重要；男扮女装，女扮男装，所在多有。即使性别的认定出错，后果也不致特别严重

（男生到女装部试衣、进女子厕所等等）。然而，在四年一度的奥运赛场上，男女之分却是锱铢必较，差之毫厘，得失千里。引发的联想之一，是能否有替代方案，不"一定"要分出男女?!

2.3 禁药问题

某些（化学）物质，会影响运动员的表现；基于公平竞赛的原则，禁止使用，完全合情合理。然而，观念上简单的事，在操作上却并不容易。

经过多年来的努力，国际奥委会目前的做法，是公布"禁用物质"以及和禁用物质"相关"的物质。检验的方式也愈趋严谨。然而，道高一尺，有些问题确实难解。

譬如，有些药品（如莫达非尼），是用来发挥医疗作用的。可是，这些物质也有副作用，对运动员的体能有增进的效果。因此，使用这些药物的人，必须先提出声明；经过查证，竞赛资格和成绩都有效，如果事先不声明，事后验出，将取消成绩。问题的微妙处，就在于某些药品，在一般人口中施用的比例很低，可是，在奥运选手里，施用的比例却远高于普通人施用的比例。那么，如果其中有些人确实是"造假"——假借医疗理由达到增强体能的目的——如何区分？或者，这些奥运选手，本来就是人口结构中的特殊群体，比例高于一般人口无可厚非？

由此也可见，高举公平竞争的目标，当然众议金同。可是，要实现到何种"程度"（degree of fairness），却还有很大的讨论空间！

3. 经济分析

前面两节，是奥运规则和变迁的描述，是对事实的陈述。这一节里，将由经济分析的角度，尝试提出一些阐释（interpretations）。对于同样的事实，阐释的方式当然不是唯一。

3.1 目标函数

经济分析里，探讨行为者（个人、家庭、厂商）时，通常会明确地界定行为者的目标函数（objective function）。消费者，通常追求效用最大；厂商，通常追求利润最大；政策规划者，往往透过"社会福利函数"（social welfare function），追求社会福利最大。

界定目标函数，可以使分析的焦点明确，而且有助于判断影响行为者的主要因素。对奥运会而言，很明显的，涉及很多的层级，各个层级的目标未必一致。在最高的层次上，奥运会的目标，可能是追求"运动精神"，同时追求"更快更高更强"。而后，随着职业运动的蓬勃发展，以及衍生的商业活动和利益，奥运的目标也掺有其他的成分，譬如，四年一度的运动嘉年华会，主办国借机展现国威、刺激经济；奥委会本身，则是维持世界体坛共主、独霸的地位，享受垄断者（monopoly）的荣宠和优渥！

然而，无可否认的是，在奥运竞赛项目这个层级，"公平"是重要的目标函数，游戏规则的设定和调整，都是试图使竞赛更为公平。两个例子，可以稍稍反映。对于花式溜冰、体操、水上芭蕾等，由一群裁判各自打分，再集体加总。为了能过滤掉偏心和"爱国裁判"等因素，最高分和最低分略去不计。还有，跆拳项目，四个裁判分坐比赛场地的四个角落；选手击中对方得分，必须有三位（及以上）的裁判，在一秒钟之内同时按钮，才算有效。毫无疑问，奥运竞赛对于"公平"的毫厘计较，和法律对于"正义"的追求，有许多相通、可以彼此借鉴之处。

不过，即使"公平"是奥运规则的重要目标（之一），还是有很多可以讨论的空间。譬如，男女分开竞技，是为了公平；跆拳、拳击、举重、柔道等，依体重分级，也是为了公平。可是，为什么田径（特别是短跑跳高等），不依选手的身高分级竞赛？为什么三铁（铅球、铁饼、标枪），不依体重或身高分级？

3.2 均衡和变迁

经济分析最重要的观念之一，是"均衡"（equilibrium），这是指一种状态（社会现象）有两种特性：稳定、重复出现。既然是稳定和重复出现，就隐含了某种规律性（regularity）。社会科学研究者，就可以尝试捕捉，是哪些因素（条件）支持了这个均衡。

当奥运只允许业余参赛者时，参赛选手真的可能是以打铁维生，顺便练练举重或铅球。随着商业活动的发展，各种职业联盟的出现，以及（主要）社会主义国家对选手有计划的培训，要维持业余参赛这种均衡，愈来愈困难。一旦规则改变，不分职业或业余，奥运的支持条件，已经迥异于往昔。

在 21 世纪初的今天，"业余"早已不是奥运的支持条件之一。目前的均衡，除了各国政府之外，主要是由各种职业竞技组织（足球、篮球、桌球、乒乓、田径、自行车、高尔夫等等）支持。职业联盟，又由相关的产业（衍生产品、转播、广告代言等等）所支撑。市场经济，可以说已经成为奥运最主要的支持力量。当然，这意味着利弊掺杂（a mixed blessing）。一方面，选手的待遇收入提升；器具设备训练等条件，大幅改善；运动员（和衍生行业），已经成为像演员一般的一个行业。另一方面，商业考虑和专业化的发展之下，奥运（和体育竞赛）已经愈来愈像另一个演艺事业（show business）。这种均衡和奥运早期以"竞赛"为主的均衡，在性质上显然有很大的差别。

科技的突飞猛进，当然给奥运和奥运规则带来重大的影响。击剑和跆拳选手身上的电子传感器、终点在线的瞬间照相、起跑点上的偷跑与否，都是仪器取代人力诸多例子的点滴而已。然而，除了"科技"这个因素之外，其实最重要、最大的影响因素，还是市场的扩大。

随着第二次世界大战结束，世界各地经济蓬勃发展，战乱威胁相对减少；因此，消费品的市场大幅扩充，民众所得上升之后，自然增加对娱乐的需求。各种职业联赛，提供民众一年四季都重要的娱乐。四年一度的奥运，和常年进行的职业赛事之间，刚好是互补品和替代品；而且，彼此鱼帮水，水帮鱼，互蒙其利。推动时代巨轮的主要驱动力，是市场和经济活动；对奥运和奥运规则的变迁轨迹，也是如此。

4. 奥运和法学

上一节是由经济分析的角度，阐释奥运规则的意义；这一节同样是由经济分析的角度着眼，但是阐释奥运规则和法学间的关联。

4.1 公平和正义

毫无问题，奥运规则的主要特性，是追求"公平"；公平，当然是一种特别的价值。同样的，法律的主要特性（之一），是追求"正义"；正义，自然也是亘古以来人们追求的重要价值。

公平和正义之间，至少有两点可以提出；而由奥运的规则和演变上，更可以清楚地看出这两点。首先，公平所强调的，通常主要是在过程（process），而不在结果（outcome）；相形之下，正义所强调的，则往往是结果。以奥运会为例，公平是指在竞技时，彼此在起跑点上是公平的，竞赛的过程也是公平的；至于在终点，谁摘金谁夺银，并不是关注的重点。正义则不然。对于起跑点和过程，正义这个概念不直接相关；但是，对于终点的"结果"，却会评估是否合于"正义"。

其次，既然公平和正义都是价值，在追求时自然要作出价值判断，也就是要作出取舍。但是，因为公平强调过程，而正义强调结果；因此，两相对照，公平是比较中性（neutral）的概念，没有明显的道德成分。结果是否合于正义，明显地需要借助相关的价值考虑；因此，正义的道德性成分，要浓厚清晰得多。这种对比，由奥运规则和一般法律（特别是刑法），可以清楚地感受得到。

相形之下，司法体系，无论是大陆法系或英美法系，都是在操作法律——正义的量尺；那么，法官们所操的量尺，比较像奥运会三种裁判规则的哪一种呢？形式上，司法体系的裁判，和三种竞技都有共同之处。基层法院里，审理适用简易程序的案件，一位法官决定是非，像是跳高和撑杆跳；中级人民法院里，三位法官（或法官和人民陪审员）议决，好像是拳击赛；高级和最高人民法院里，合议庭由三到七人组成，又像是花式溜冰和体操的裁判。不过，形式之外，精神上，司法体系的运作方式，比较接近拳击赛——至少在中级人民法院以上的司法机关里是如此。

以中级人民法院为例，三位法官开合议庭，审理上诉案件。针对案件，三位法官陈述自己的意见；然后，如果意见一致，就是一致决议。如果有不同意见，就投票决定，以多数意见为准。这和花式溜冰以裁判的分数总和决定胜负显然不同。另外一点既明显又微妙的差别，是拳击赛里，只有两位参赛者；花式溜冰等，参加最后决赛的可能有六七位。两位拳手竞技时，裁判只要针对眼前的两人，分出相对的高下。两位拳手，就像法庭里的原告被告；裁判不是和一个抽象的尺度比较，而是在两者之间作出比较。花式溜冰等，前后有六七位竞赛者，裁判可能两两相比；但是，每一位表演过后，裁判必须以自己心中的尺度为基准，评定分数。

4.2 实质和程序

奥运的竞赛项目，有些着重"质"，有些着重"量"。量的刻度，可以透过度量衡的仪器决定；质的刻度，透过人（裁判）的判断。可是，前面已经论证，"量"是"质"的特例；质是更完整的光谱，而量是这个光谱上的一部分。

一旦对"量"的度量衡有争议，就表示涉及的是更根本的"质"的问题。这时候，既然不能在实质上（substantive element）处理，只好诉诸程序（procedural measures）。奥运对性别的处理，清楚地反映了这一点重要的体会。原先，男女染色体的结构，对绝大多数人而言，差别是明晰可辨的。可是，对于亿万人口中的极少数，包括体能和天赋迥异于常人的奥运选手，染色体的结构极其特殊。

对于这些少之又少的特例，奥委会的专家们，经过长时间尝试，希望能找出明确有效的标准，以区分当事人的性别。然而，反复尝试之后，奥委会发现徒劳无功。最后（也就是现在）的做法是组成专家委员会，由这个委员会考虑各种资料证据，再作出最终的判定。很明显，这是以"程序"的方式，处理棘手的"实质"问题。

对于法学而言，这当然有重要的启示：官司的真相未必能昭明，但是借着严谨可靠的"程序"，司法体系希望能维持法律的有效运作。

4.3 规则和工具

奥运的竞赛规则，希望使竞赛更为公平；但是，除此之外，也含有其他的考虑，虽然着重的程度有大小之分。譬如，规则可以使竞赛更为紧凑（乒乓球由一局21分，改为一局11分），对选手更为安全（拳击、跆拳、击剑等戴上护具），使观赏娱乐性更高（沙滩排球和水上芭蕾等），使参赛者范围扩大（"刀锋战士"等）。规则的调整，发挥了不同的功能，希望发挥或达成某种目标，或实现某种价值。

由此可见，在性质上，奥运规则是一种"工具"，是有功能性的内涵。就近取譬，对法律也有许多解读。"法律是艺术""法律是国家暴力""法律即生活"等不一而足；然而，"法律即规则"无疑是很有说服力的一种阐释。结合前面这两者，就得到对法律较完整的认知：法律即规则，规则即工具！还有，前面提到，公平和正义这两个概念，有不同的内涵，发挥了不同的作用。抽象来看，就是"概念即工具"——借着运用不同的概念，希望发挥某种作用，实现某种价值。

这三点体会——法律即规则，规则即工具；概念也是工具——要直接由法律条文（法学）归纳提炼，并不容易。然而，借着奥运规则本身和奥运规则的变迁，反而比较容易中性、客观、不带道德情操地烘托出这三点智识上的结晶。由奥运规则到法学研究，确实可以带来许多启示。

5. 结论

本章由经济分析的角度，尝试探讨奥运规则和法学之间的关联。随着对奥运规则和变化的描述与分析，希望萃取出一些智识结晶，烘托出法学研究的某些特质。

主要的体会，可以简单归纳为三。第一，奥运规则追求的是公平竞赛，法律追求的是实现正义；公平重视过程，而正义重视结果。第二，奥运的竞赛项目，有些着重"质"，有些着重"量"。"量"的多少高低，可以借助度量衡的仪器；一旦对"量"和"质"有争议，就可以透过"程序"来处理量和质的"实质"问题。第三，无论是奥运规则还是规则的变迁，对法学而言，都反映出"规则即工具，概念也是工具"。

现代奥运肇始至今，不过 120 多年；然而，因为四年一度的盛会众所瞩目，因此竞赛规则演化精致的速度，远快于法律缓慢的蜕变。探讨奥运规则和规则的变化，可以对法学研究有许多启示，当然，运动法律（sports law）是一个相关的课题，但并不是本章关心所在！

参考文献

Ballantyne，Kaye N.，Kayser，Manfred，and Grootegoed，Anton J.，"Sex and Gender Issues in Competitive Sports:

Investigation of a Historical Case Leads to a New Viewpoint",
British Journal of Sports Medicine, 46（8）: 614–617, 2012.

Bostwick, Michael J., and Joyner, Michael J., "The Limits of Acceptable Biological Variation in Elite Athletes: Should Sex Ambiguity Be Treated Differently From Other Advantageous Genetic Traits", *Mayo Clinic Proceedings*, 87（6）: 508–513, 2012.

Lastowka, Greg, "Rules of Play", *Games and Culture*, 4（4）: 379–395, 2009.

Thorhauge, Anne Mette, "The Rules of the Game—The Rules of the Player", *Games and Culture*, 8（6）: 371–391, 2013.

第三章　法学中的质与量

1. 前言

　　1987年,《哈佛法律评论》(*Harvard Law Review*)庆祝发行一百周年，邀请诸多法学重镇撰文志庆。法学大家波斯纳教授，学生时代曾担任主编，也在受邀之列。然而，他文章的题目，却是《法学自主性的式微》("The decline of law as an autonomous discipline")。历史性的时刻，暮鼓晨钟的内省，来自法学最尊荣学府的菁英，等等，都传递了波斯纳苦口婆心的提醒：法学不能再自矜自是，而是要从其他学科（特别是社会科学）汲取养分。本章的出发点，响应波氏的呼吁，希望由社会科学（特别是经济分析）的角度，对法学研究稍稍琢磨、添增新意。

　　具体而言，本章将由"质"和"量"这两个概念，探讨法律的性质。简单地说，美丑善恶都是一种"质"(quality)，而轻重大小都是一种"量"（quantity）。质和量看似物理学的范围，其实不然。本章将论证，从质和量的角度着眼，可以对法律有盲人摸象式的一得之愚。

2. 预备工作

在这一节里，将为往后的铺陈暖身；一方面叙明本章和现有文献的关联，另一方面先阐释"质"和"量"之间的微妙关联。

2.1 相关文献

社会科学里，对质和量的讨论很普遍。譬如，在策略管理（strategic management）这个领域里，常用 SWOT（Strength，Weakness，Opportunity，Threat）分析新的产品或策略。营业额、人员、产品种类、涉及的地理区域、竞争对手等，都是明显的"数量"；相形之下，营销能力、顾客反应、对手策略等，可能都是强弱快慢等"质量"。李克特量表（Likert Scale），把某一特质分成五个区间（最好、好、中性、不佳、很坏等），常被援用。此外，心理学里，各种人格特质、认知、情绪反应等，也相当依赖对质和量的灵活运用。

另外，本文是延续对奥运规则的探讨；奥运规则里，有些项目明显重视"量"（举重、铅球、跳高、跳远等），有些则是明显重视"质"（花式溜冰、水上芭蕾、体操、马术等）。以奥运规则为参考坐标（benchmark），可以借着对照比喻，琢磨法学研究里的许多曲折。而且，许多项目看起来是追求"量"（百米、撑竿跳），真正的差别所在，其实是体能上"质"的精进。

2.2 质量之间

"质"和"量"之间的关联，值得稍稍厘清。观念上，"质"是指程度（magnitude）、排序（ordering），譬如美丑善恶等，可以细分再细分，但是无从量化。"量"是指数量，在定义上就是可以借着度量衡（高低长短轻重）来表示。

实数（real number）是数量，可以无限细分；在1和2之间，有无穷个点。同样的，在观念上，质量也可以无限细分；在好人和恶人之间，可以有无数种可能性。因此，追根究底，数和质都是一个光谱（spectrum），而光谱上有无穷个点。然而，在真实世界里，人的感官辨别能力有限；即使是秤尺等度量衡，精细程度也有局限。因此，在观念上，"量"的刻度比较少，而"质"的刻度比较多（稠密）。或者，至少在一般正常生活里，"量"的刻度少而"质"的刻度多，换一种表达的方式，就刻度多少而言，"量"是"质"的部分集合——"质"是母集合，而"量"是子集合！

稍稍引申，质和量的关联，有点像是"价格"和"价值"之间的相对关系。抽象来看，价格和价值都隐含高下相对的排序（ordering），价格是 \$1、\$2 等，而价值是美、很美、极美等。而且，价格只是众多价值之一，价格是以货币来表示，而价值包括美丑善恶等等。如果价格要细分，在 $1 和 $2 之间，可以有无数的价格；然而，在世界各国的货币里，在元之下有角（$0.1）和分（$0.01），可是没有更小的单位。要区分出更小的单位，观念上很简单，但是实务上不可行、没必要，也不值得做。最后一点：日常生活里，有诸多质和量；人们处理质和量的经验，也就直接或间接地反映在法律的设计（条文）里！

3. 法律的性质

法律，无疑是法学研究的重点和核心。法律的性质，当然值得阐明清楚；从社会科学（旁观者）的角度，也许有兼听而聪、兼视而明的好处。

3.1 价值冲突

对于法律，有很多种不同的解读；各种"一言以蔽之"的总结，多少能捕捉法律客观的某种神韵。

国与国之间的法律纠纷，无论是公法或私法领域，往往涉及"辖区"（jurisdiction）的问题。甲国的法律、乙国的法律、国际间通行的律法之间，何者将是主要的参考坐标？不同的法律，隐含不同的价值。在一个国家之内，价值冲突的性质更为明显，而且主要表现在两个方面：个人和个人之间，以及个人和国家（社会）之间。民法的主要原则之一，是"私法自治"；

然而，契约尊重当事人的意愿，却以不抵触善良风俗者为限。"当事人意愿"和"公序良俗"，是不折不扣的两种价值。

还有，无论是刑事或民事纠纷，几乎都涉及两者之间的摩擦冲突；抽象来看，就是彼此追求的价值之间，不能相安无事、各得其所。更进一步，即使在个人的层次上，依据道德信念行事；道德信念（乐于助人、不说谎、守时等），都是隐含了价值的冲突和取舍——要扶跌倒的老太太，还是要避免惹麻烦？要准时上课，还是要多睡几分钟懒觉？因此，无论是国与国之间、个人与国家（社会）之间、个人与个人之间，乃至于个人之内，都面对价值冲突。法律（和道德）的本质，就是在处理价值冲突。

3.2 工具

法律，既然处理价值冲突，在性质上就是一种"工具"（a tool）；具有功能性的内涵，希望能发挥某些作用。当然，这种观点值得稍作解释。

至少有两种途径，可以阐释法律的工具性。首先，前面提到，法律的性质，可以看成是处理价值间的冲突。换一种描述的方式：要处理价值间的冲突，法律是可以援用的方式（媒介）之一。也就是，法律可以是运用的手段或工具。其次，法律也可以看成是一套规则（rules），是社会大众所遵循的章法；规则隐含奖惩，由公部门的强制力所支撑。既然是规则，本身当然不会是目的；而是为了追求某种（或某些）目标，所设计和采纳的手段。因此，法律（可以视）为规则，而规则（即可以视）

为工具。

这个观点，还可以进一步延伸论证：奥运会规则，主要是追求（竞赛）公平，也就是针对"过程"；而法律，主要是追求正义，也就是针对"结果"。可能的质疑，是法学里通常分为程序和实体；程序正义是针对过程，而实体正义是针对结果。在表面上看，这个论点很有说服力；然而，稍稍深究就可以发现，其实不然。具体而言，法律所强调的程序正义，是强调两点：第一，不能为达目的，不择手段。即使实现了正义，如果手段有瑕疵或不当，也不足取。第二，为了确保最后的果实（实体正义），务必透过合乎正义的过程（手段）。因此，重点还是在最后的结果，希望能达到而且享有实体正义。相形之下，奥运会规则所追求的，是竞赛过程公平；结果如何，就是如何，并不是焦点所在。

由奥运会规则和法律的对照，可以更清楚地看出：法律，是社会追求正义所采纳的手段；透过法律这种工具，希望能企及正义的结果。

4. 质和量的容颜

前面两节，分别探讨了法律的性质，以及质和量的内涵。这一节里，将提出整合性的分析，阐明质和量在法学中的身影。

4.1 三部曲

既然法律可以看成是规则，而规则又涉及质和量；因此，抽象来看，希望能由诸多法律（规则）里，提炼出处理质和量的规律性。仔细琢磨，对于质和量的处理，可以由"三部曲"来体会：

第一步，以"量"的方式来处理和设定法律（规则）；

第二步，利用相关"质"的概念，处理和设计规则；

第三步，利用"程序"（procedure），处理和设计规则。

这三部曲的内涵，值得作进一步、较仔细的说明。首先，借着各种度量衡，可以简单有效地处理"量"；因此，最好的情况，规则是能以"量"来表达和操作。譬如，要界定"有行为能力者"，用"心智成熟"，比不上用"十六周岁"这个"量"的尺度。其次，生活里，能用"量"来处理的事项，毕竟只有一部分。当这种尺度不可得时，退而求其次，选择次佳的方式，就是借着清晰的其他概念，来设计和界定规则。譬如，"恶性重大"的概念，比不上"社会危害性"，又比不上"明显而有立即的危险"（clear and present danger）。在漆黑满座的戏院里，扬声大叫"失火了"，是否"恶性重大"？是否带来"社会危害性"？并不明确，但几乎必然造成"明显而有立即的危险（害）"！因此，"明显而有立即的危险"，操作性较强。

最后，如果"量"的尺度不可及，清晰的其他概念又不可得，第三种设计规则的方式，就是借着某种"程序"来处理。

譬如，丧失行为能力的原因之一是"心智耗弱"；可是，要界定心智耗弱，没有"数量"可以依恃，也不容易借着更多的概念。因此，往往透过"程序"，"由心理精神专业人士评估认定"。

"三部曲"的性质，有两层含义：一方面，这是对规则内涵的描述，是"实证的"（positive description），无关价值判断；另一方面，在设计规则时，可以参考遵循，因此是"规范的"（normative guidelines）。

4.2 成本效益分析

由经济分析里成本效益的架构着眼，可以更清楚地掌握三部曲的脉络。操作法律这套规则（工具），当然希望能有效地实现正义；也就是，希望能以低成本高效益的方式来运作。"杀鸡用鸡刀，屠牛用牛刃""杀鸡儆猴，杀一儆百"，等等，反映的都是类似的观念。

三部曲的结构，就隐含由简到难的层次。第一步，能"量"则"量"，以度量衡来操作规则，这种工具的成本低效益高。如果"量"不可得，退而求其次，只好用成本较高的方式来处理，第二步"利用其他内涵清晰的概念界定'质'"，正是如此。如果第二种方式也不可得，只好再退一步，以成本更高的方式来操作工具；利用"程序"操作规则，是不得已的做法。但是，由成本效益的角度，完全可以理解。一言以蔽之，法律这种规则（工具）运作在处理质和量时，可以由成本效益的考虑，一以贯之。

另一方面，成本效益的解读方式，可以和其他的观点作一对比，相较而益彰。譬如，刑法的罪刑均衡原则，是"有罪必罚，无罪不罚"。在观念上，罪刑均衡原则符合直觉而且有说服力。然而，具体运作时，这个原则如同一个骨架，充填这个骨架的血和肉，却杳然无踪。关键问题是何为"有罪"、何为"无罪"？根据罪刑均衡原则，几乎寸步难行。相对的，由规则／工具和质量的角度，加上成本效益的参考架构，却可以提出一个完整的理论。

再进一步，法学论述里，几乎无分轩轾地把追求正义当作终极目标。可是，前面指出：基本上，法学／法律是在处理价值冲突的问题。当正义这种价值和其他价值发生冲突时，如何取舍显然非常重要。在思维分析时，要有言之成理的论述。譬如，关于诉讼时效的规定，可以清清楚楚地看出，"事实真相"的价值和其他价值（时间拉长、搜证不易、数据容易有瑕疵、当事人记忆模糊、司法体系运作愈益困难等等）发生冲突时，当代法治社会几乎毫无例外的取舍，是让个别案件上"追求真相"的价值让位，而选择"司法体系有效运作"的价值。而且，诉讼时效的规定，是利用"量"（时间长短）这种工具！

法学宿儒波斯纳尝言："对正义的追求，不能无视于代价。"关于法学里的质和量，可以依样画葫芦："对于质和量的取舍，成本效益的斧凿在法学里处处可见！"

5. 结论

在前言部分提到，本章是响应波斯纳教授的呼吁，希望社会科学可以为法学带来不同的养分。就性质而言，有两点新意。传统法学里，通常是由程序正义和实体正义的角度论述。本章延续已有的研究成果，由"质"和"量"这两个概念，尝试由不同的切入点，检验法学和法律。由奥运的竞赛规则，可以体会质和量的差别；本章进一步论证，并且和部门法联结。另一方面，本章利用经济分析的架构，尝试提出一以贯之的分析；经济分析为法学所注入的新意，还有很大的空间等待发挥。

在内容上，本章的发现可以简单归纳如次：法律可以视为规则，而规则的性质就是工具。法律所要处理的问题，可以由"质"和"量"的角度着眼。"三部曲"是对法律条文内容的描述，也提供了设计法律的参考指标。三部曲的结构，可以由成本效益的角度，提出合情合理的解读。

无论是质和量、三部曲或经济分析，都扩充了对法律的体会。为法学研究增添新的成分，为解释和操作法律带来新的工具。"新的"，意味着更多的可能性，当然未必是好的。至于片断琐碎的新意，会不会累积足够的能量，带来法学研究的典范转移（paradigm shift）？这个问题的答案，要让证据来说话；而毫无疑问，时间会产生足够的证据！

参考文献

Chatman, Daniel G., "Deconstructing Development Density: Quality, Quantity and Price Effect on Household Non-work Travel", *Transportation Research Part A: Policy and Practice*, 42 (7): 1008-1030, 2008.

Haslam, Nick, and Laham, Simon M., "Quality, Quantity, and Impact in Academic Publication", *European Journal of Social Psychology*, 40 (2): 216-220, 2010.

Maurer, Todd J., and Pierce, Heather R., "A Comparison of Likert Scale and Traditional Measures of Self-efficacy", *Journal of Applied Psychology*, 83 (2): 324-329, 1998.

Posner, Richard A., "The Decline of Law as an Autonomous Discipline: 1962-1987", *Harvard Law Review*, 100 (4): 761-780, 1987.

第四章　法学里的原则和例外

1. 前言

这一章的主旨，是探讨法律中的"原则"（rules）和"例外"（exceptions）。在理论的探索上，这是延续前两章。这三章，都和传统的法学论文稍有差别；不是在法学传统内论述，而是由法学之外，以盲人摸象式的途径，希望对法学能有一得之愚。三章的关联，将在下面的论述中依次阐明。

本章的动机，有两个方面：首先，对法学稍有了解的人都清楚，法律中常有原则和例外之分；而且，在某些情形里，还有"例外中的例外"。譬如，一个人要对自己的行为负责，这是原则；未成年人无须对自己的行为负责，这是例外；可是，在未成年生活经验范围里的行为，还是要负责，这是例外的例外。又譬如，一个人伤害其他人是犯法，这是原则；可是，正当防卫而伤人无罪，这是例外；然而，防卫过当还是犯法，这是例外的例外。因此，对于原则和例外，可以试着作有系统的分析；希望掌握其中隐藏的"规律性"，归纳提炼出"原则和例外的一般理论"（A general theory of rules and exceptions）。无论在理论和实务上，乃至于对法学教育，这都是有意义的尝试。

其次，在个别的司法案件里，往往同时涉及好几个法律概念或法原则（legal doctrines）；如果最后是以 A 概念/法原则为主、放弃了 B、C 概念/法原则，就可以解释为，在这个案件里，以 A 为原则，而以 B、C 为例外；或者解释为，一般情形下，以 B、C 为原则，但这个案件中适用 A 为例外。也就是说，抽象地来看，法律是处理彼此冲突的价值之间、取舍的问题。如何在众多法原则（概念）之间扬此抑彼，显然不能只诉诸直觉或想当然的判断。如果能建构某种理论，作为取舍法原则（概念）的依据，不但能增加法学思维的深度，还能增添法学论述/司法运作的说服力。

因此，本章所探讨的原则和例外，有两个层次：第一种，是某个法律条文或观念的原则和例外；第二种，是在不同的法学概念之间，取舍时所依恃的论述。在性质上，属于法理学的范围，所采用的分析工具，主要是社会科学，特别是经济学的分析架构。

2. 界定原则和例外

在往下分析之前，值得先界定清楚"原则"和"例外"的具体意义。

2.1 一式原则和例外

前言里举例说明：对行为负责是原则，未成年人无行为能力是例外；未成年人日常生活经验范围内的事项，有行为能力，这是例外的例外。还有，伤害人犯法这是原则，正当防卫而伤人是例外；防卫过当是伤人，犯法，是例外的例外。由这两个例子可以归纳出：例外，是直接针对原则；而例外的例外，又是直接针对例外。也就是，原则、例外、例外的例外，这三者等于是在同一个光谱（spectrum）上，不同的点。三者所涉及的实质因素，都是同一个：第一个例子是针对"行为"，第二例子是针对"伤害"。

对于这一类的原则和例外，称为"一式原则例外"（Type I rules vs. exceptions），或简称"一式组合"（Type I combination）。

2.2 二式原则和例外

前言里提到的另一种情况，比较抽象，最好借实例来说明。"果树上的果子落入邻人土地，果子归谁所有？"在不同高校的法学院里，我都会问法学的正规军。有一次在西安一所著名法学院里，演讲厅里包括师生有二三百人；结果，全部举手支持

"应属于果树主人所有"，只有一个坐在第一排、本科一年级的学生举手支持"应该属于邻人所有"。她的理由是，如果外国人在西安犯罪，应该受当地法律管辖，而不是受他／她本国法律管辖！

果子落入邻地，认为应该属于主人所有，是绝大多数人直觉上的想法；理由是"天然孳息"——果子是果树的天然孳息，自然（理当）属于果树主人。然而，罗马法里已有明确规定，属于邻人所有。法律这么规定，显然是基于其他方面的考虑：若果树主人进入邻地捡拾果实，会侵犯邻人隐私；若主人长期不捡拾，会造成邻人的困扰；若两户种植同样的果树，会产生辨认困难的问题；若果实属主人所有，主人不会主动修剪果树枝桠；若果实属主人所有，果树主人与其邻人之间，常会有纠纷，这会增加司法体系的负荷；等等。

可见，在这个具体事例里，"天然孳息"这个法原则（doctrine）重要性降低，其他法理上的考虑更为重要。取舍之间，天然孳息不再是原则，而成为例外；在这个事例里，其他法理因素则成为原则。但是，天然孳息和其他法理因素，不是在同一个光谱之上，平时（其他事例里）也不会放到一起考虑。在特定的问题上，其他多数事例中，主导因素可能会退位，被不同的法理因素取代。这就是第二种、抽象的原则和例外，称为"二式原则例外"（Type II rules vs. exceptions），或简称"二式组合"（Type II combination）。

在往后的论述里，将进一步阐明一式组合和二式组合的意义。当然，关于原则和例外，一／二式组合只是一种界定的方式，可能有其他的方式；一 / 二式组合的界定方式是原则，其他的是例外！

3. 解析原则和例外

这一节里，将分别探讨原则和例外的两种组合；下一节里，将针对这一节的论述，提出整合性的分析。

3.1 一式组合

利用图 4-1 和图 4-2，可以看图说话，解释原则和例外的一式组合。

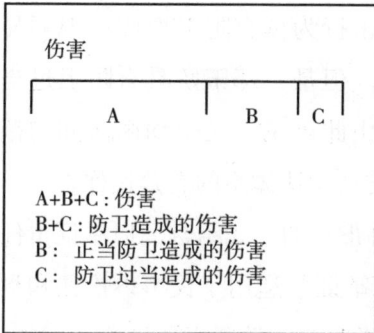

图 4-1　光谱

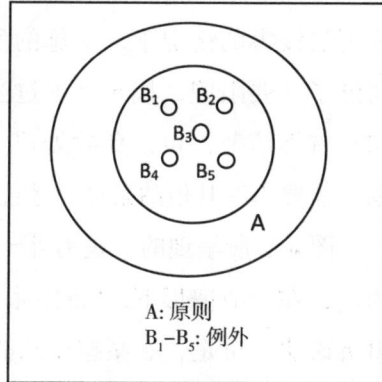

图 4-2　列举式例外

图4-1里，以伤害的行为作为例子；整个光谱（线段）都是各种伤害行为（A+B+C）；A区间，是一般的伤害，没有正当理由。B和C的区间，是有理由造成的伤害；B区间是正当防卫；C区间，则是防卫过当。因此，在伤害行为的光谱上，可以切割成三个区间；这三个区间，用经济分析的术语，是形成"分离均衡"（separating equilibria）。三个概念（伤害、正当防卫、防卫过当），直接对应原则、例外、例外的例外。

观念上，这三个概念和区间，都很清晰；实务上，困难之处就在于区间和区间的接轨处。也就是，特定的伤害行为，算不算正当防卫？即使是正当防卫，有没有防卫过当？譬如，在邓玉娇案（2009年，宾馆服务员基于自卫，刺死镇政府人员）中，争议点之一是邓玉娇是否为正当防卫以及是否防卫过当。邓玉娇认为自己的行为属正当防卫，不构成犯罪。法院认为：邓玉娇在遭受邓贵大、黄德智无理纠缠、拉扯推挤、言行侮辱等不法侵害的情况下，实施的反击行为具有防卫性质，但明显超过了必要限度，属于防卫过当。但是，邓玉娇具有防卫过当和自首等情节，可以免除处罚。由此可见，三个均衡区间的范围，需要借助其他的条件，才能支持司法体系的有效运作。

图4-2所呈现的，是另外一种形式的一式组合。以举证责任为例，在一般情形下，"谁主张谁举证"适用于民事诉讼法和刑事诉讼法。可是，在某些特殊的情形下，举证责任倒置。譬如，有些国家已经在法律里规定，公务员面对巨额财产来源不明的指控时，必须由自己举证财产来源合理；对于毒品走私、恐怖

分子的某些指控，举证责任也是在当事人。图 4-2 中，A 代表原则，B_1 到 B_5 代表例外的情形。例外的情形可能增加或减少，在结构上和图 4-1 不同。图 4-2 所呈现的结构，观念上也是明确清晰。实务上的问题所在，就是要不要容许新的例外（B）出现。

3.2 二式组合

原则和例外的第二种形式，也可以借图形和例子来说明。图 4-3 里呈现，有五种法原则（A，B，C，D，E）；对于某种法定情境（果实落入邻地），直觉上可能认为该适用 A（天然孳息）。然而，更缜密的考虑，是在这种情形下，果实（天然孳息）的重要性退让，由更重要的因素 B（邻地）取代。因此，抽象地来看，A 是原则，而 B 是例外。

在一式组合里，原则（伤害）和例外（正当防卫造成的伤害），是直接呼应的法律概念；在二式组合里，原则（果实/天然孳息）和例外（落入邻地），是属于在一般情况下，两个并不相关的法律概念。在特殊的情境下，两种价值之间，彼此会发生冲突和抵触。通常情况下重要的价值（原则），由主要地位变为次要地位；通常情况下隐晦的价值（例外），反而在这种特殊情境里，成为主导的因素。

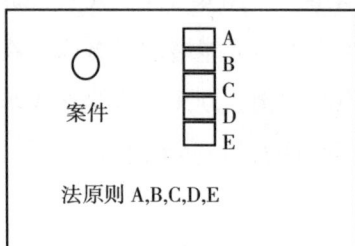

图 4-3 原则和例外

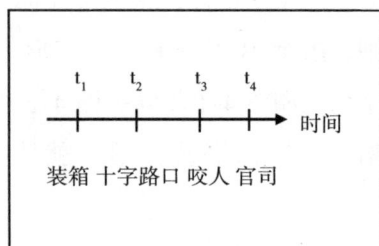

图 4-4 美女与野兽

二式组合的原则和例外，还可以借由另一个官司来阐明。马戏团用货车载运一只老虎，由甲地运到乙地。货车在十字路口遇到红灯停下，路过的 38 岁女性伸手想摸老虎；老虎猛回头，咬下了女性的手臂。这一案件的争议点在于：马戏团和 38 岁的女性，到底谁应该承担相应的责任？若两者均应当承担责任，那么责任的分配，应当在何种比例合适？

如果把焦点放在十字路口（t_2 时间点），可以发现，38 岁的当事人，属于完全行为能力人，其应当对自己的行为负责；按照一般理性人的标准来看，老虎属于极为危险的动物，其将手伸进了笼子，就应当对行为造成的后果承担相应的责任。可是，如果把焦点移到稍早、装笼的时点（t_1 时间点），那么考虑的结果就大不相同了。因为在这一时刻，马戏团可以把老虎用"回"字形方式阻隔，使得行人就算看到老虎，也无法摸到老虎；或在笼子外用黑布罩住，使得路过的行人无法看到老虎。对马戏团而言，其用很低的成本，就可以避免后面发生的问题。这是"最小防范成本原则"（the least-cost avoider doctrine）。此外，马戏团的行为，属于把极端危险（ultra hazardous）的东西（老虎、炸药等），带进了一般人的生活情境里。从这一角度看，其也应当承担完全责任（strict liability）。因此，在"美女与野兽"的案件里，自己招惹老虎要部分负责（与有过失），不再是主要考虑；其他的因素（最小防范成本、极端危险完全责任），取而代之，成了主导的考虑。

当然，在"果实落入邻地"和"美女与野兽"的案例里，原则和例外的考虑一点即明。可是，这两个都是特例，关键所在，是要能归纳出一般性的原理（a general theory），提出理论上的架构。这是下一节的重点所在。

4. 一般理论

这一节里，将针对原则和例外，包括一式组合和二式组合，提出整合性的分析。分析有两个步骤：先提出一个基准点（benchmark），作为参考坐标；而后，再就近取譬，直道而论。

4.1 参考坐标：因果关系

法学里，"因果关系"（causal relationship）的重要性毋庸置疑。有罪与否，就看因果关系是否成立。如刑法学者指出："当危害结果发生时，要使某人对该结果负责任，就必须查明他所实施的危害行为与结果之间具有因果关系。这种因果关系，是在危害结果发生时使行为人负刑事责任的必要条件。"在法学界，对因果关系的探讨，汗牛充栋：主要有"若非原则"（the but-for test），"可预见原则"（the foreseeable doctrine），等等。由经济分析的角度，则可以从另一个出发点切入，即把"因果关系"看成是一个概念，把这个概念看成是解决问题的工具（viewing concepts as tools）；再琢磨如何设计工具，才能发挥较大的功能。也就是，要为因果关系这个概念，充填哪些内涵，才能让这个工具好使好用。

具体而言，对因果关系这个概念，经济分析归纳出以下几点体会：人们在运用各种有形的资源时，会反映成本效益的考虑；人们在运用其他抽象的概念时，自然而然地也会展现同样的特质。关于"因果关系"的阐释和运用，当然也不例外。把"因果关系"看成工具性的概念，以及由成本效益的角度分析对工具的运用，可以具体地归纳出以下几点特质。

首先，由成本效益的角度来看，处理直接的、局部的、短期的、主要的、明显的因果关系，成本较低；处理间接的、全面的、长期的、次要的、隐晦的因果关系，成本较高。因此，对于法学里的因果关系，经济分析的第一点重要体会是：因果关系的概念本身，以及操作因果关系，都有成本效益的考虑。

其次，在经济分析者的眼中，对因果关系不同的解读，就像采用了不同的游戏规则；而在取舍游戏规则时，重点往往不在于已经发生的事——也就是手上的官司。相反，重点往往在于哪一种游戏规则，会在未来诱发出比较好的行为因应、导致比较好的结果。因此，在认定眼前官司的因果关系时，法官不妨自问：以"往前看"（forward looking）的观点着眼，如何阐释因果关系较好？对于因果关系，经济分析所能添加的第二点智慧，是"往前看"的视野：在斟酌因果关系时，值得评估不同的解读对未来的影响有何差别。

最后，有些官司所涉及的因果关系太过特殊，未来再出现的几率微乎其微；这时候，显然"往前看"没有意义。所以，重点就值得回到"回头看"（backward looking），以妥善处理手上的官司为主要考虑。经济分析对因果关系的第三点启示，是关于极其特殊的事件：因为未来再出现的几率太小，现在处置的方式就有相当大的弹性，而无须受到考虑未来的限制。

4.2 援用和引申

"因果关系"是概念，而概念即工具。同样的道理，"原则"和"例外"也是概念，也可以由工具的角度琢磨。要如何雕塑这些工具（概念），有几点体会，可以依次陈述如次。

首先，原则、例外和例外的例外，这三个概念可以看成是三个标签（labels）。利用这三个标签，可以对个别案件、情境或行为分类。因此，原则和例外，是工具性的概念，具有功能性的内涵。其次，显而易见的，标签（概念）的种类愈多，分类愈精致，操作的成本就愈高。这意味着，当社会资源愈多，人们愿意承担的税赋愈重，愈能支撑精致的司法。在原始初民社会，只有粗糙的分类，通常不会容许例外，更难想象例外的例外。当刘邦入关中，约法三章："杀人者，死；伤人及盗，抵罪！"显然，只有原则，没有例外。乱世之中，只有原始的正义，也只能负荷原始的正义！

再其次，在现代文明社会，资源相对充沛，决定原则和例外的关键所在，是"往前看""多回合"的考虑。也就是，长远来看，容许例外（和例外的例外），能更有效地达到目标和初衷。譬如，如果只有伤害（原则）和正当防卫（例外），社会照样可以运转，太阳明天还是会由东方升起；然而，长远来看，这种分类可能会产生不当的诱因——有意挑衅，然后以正当防卫之名，对他人造成严重伤害！因此，追根究底，雕塑原则和例外的主要驱动力（driving force），还是成本效益——即长远来看，原则和例外具有哪种容颜和内涵，最能实现对正义的追求！

最后，原则、例外、例外的例外，不是凭空出现，也绝不是来自道德哲学；而是人类社会演进过程里，透过经验的累积，逐渐摸索形塑而成。原则和例外的边界和标签本身，都是处在一种缓慢变迁的轨迹上。由量变到质变，猪羊变色，例外变原则而原则变例外，所在多有。

5. 更上层楼

前面几节对原则和例外的分析，还可以在方法论上进一步琢磨！

5.1 原则例外和一般理论

在传统法学理论里，可能会针对某一个部门法的条文，探讨（原则和）例外。然而，不会由法理学的角度，把原则和例外当作一个问题，作通盘、一般性的考虑。西方法律学者明言，法学界里众所周知，例外无所不在；可是，没有人会认真探究。这有点像汽车的自动窗户（automatic windows），有了最好，少了也并无不可。然而，这是一种价值判断，臧否由人。

由以上各节的讨论，至少有两点事实值得指明：第一，对于原则和例外，本文提出了理论上的解释。为这两个概念的来龙去脉、家谱身世，尝试提出完整的交代。而且，理论上的解释有一般性，不只适用某个特定的部门法，而是适用整个法律体系。

第二，关于原则和例外的理论，并不是凭空而来、绝无仅有。在建构理论时，是援用已经发展出的关于因果关系的理论。因此，一方面是现有理论的扩充和延伸，另一方面又是阐明理论之间的相通呼应。在理论的发展上，当然有正面积极的意义。

5.2 琢磨方法论

在前言里曾说明，本章是延续前面两章——《奥运规则与法学研究》《法学中的质与量》。在性质上，这三章和一般法学论著稍有差别。三章的剪裁角度，可以说是"上穷碧落下黄泉、动手动脚找材料"；也可以说是，对法学"盲人摸象"，而且已经"三摸其象"，也希望各有所得。

一言以蔽之，《奥运规则与法学研究》是以奥运会竞赛规则为参考坐标，揣摩法律的意义——法律即规则，规则即工具。《法学中的质与量》，是琢磨法律如何处理质和量的问题——面对质和量，如何设计法律这种工具！本章对原则和例外的探讨，和前面两章脉络相通——法律即规则，规则即工具，概念也是工具；如何设计和充填概念，使原则和例外能有效地发挥作用！

在更高的一个层次上，三章所依恃的分析架构，其实是一以贯之；三者都援用了经济分析的思维，而且是从成本效益的角度展开论述。和前两文相比，本文抽象的程度更高。本章把"原则"和"例外"，视为两个概念，然后加以斟酌：为这两个概念，要充填哪些内涵，才能更有效地发挥作用——概念是工具，具有功能性的内涵。对于探讨法学问题，有两点重要的启示。一方面，利用经济分析（成本效益），可以面对各个层次和各个领域的问题。一套工具，从一而终，无入而不自得。即使面对抽象的概念，也可以利用成本效益，分析要为概念充填何种内涵。另一方面，面对法学问题，最好能拉开距离，以旁观者及外人的立场，不带感情也不诉诸道德哲学地进行抽象思考和客观分析。

6. 结论

本章的定位，是在智识上探讨法学问题：是由社会科学，特别是经济分析的角度着眼。从这样的角度出发，或许有些许旁观者清、兼视而明的作用。由经济分析探讨法学问题，只是方式之一，还是意味着学理上的典范转移（paradigm shift）？本章的基础之一，是《奥运规则与法学研究》，因此可以援用运动为例，稍作比拟揣摩。众所周知，跳高起初是以剪刀式为主，这一方式，引领风骚数十年；而后，腹滚式一登场，完全取代剪刀式跳法。再进一步，背仰式一出现，时间不久，运动场上已经不再有剪刀式和腹滚式的踪影。对法学研究而言，经济分析意义如何？答案很简单——让证据说话！只不过，需要一点时间而已！

参考文献

Becker，Gary S.，and Murphy，Kevin M.，*Social Economics: Market Behavior in a Social Environment*，Massachusetts: The Belknap Press，2004.

Buchanan，James M.，*The Theory of Public Choice*，Michigan: The University of Michigan Press，1984.

Coase，R.H.，"The Problem of Social Cost"，*Journal of Law and Economics*，3（1）: 1-69，1960.

Schauer，Frederick，"Exceptions"，*University of Chicago Law Review*，58（3）: 871-899，1991.

第二篇　人世间的法

第五章　先鱼后渔
——缩短中国所得差距政策探微

1. 前言

改革开放之后，中国经济突飞猛进，有两个特征广为人知，也见诸许多描述和数字：经济维持高增长率，所得差距逐渐加大。针对后者，本文提出具体的政策建议，并且评估这个政策工具和考虑相关的问题。

2. 问题界定

近二十年来，中国经济维持高速增长；很多区域和很多人，明显地富裕起来。然而，经济发展的列车，并不是搭载了每一个人。即使在都会区，贫富的强烈对比，往往令人心悸：明亮雅致的麦当劳里，早餐一份 15 元人民币；几米外的巷弄里，露天矮桌椅上，早餐一份 2 元人民币。两边的人数，可能相去不远。而且，有些乡镇和偏远地区，似乎在时空中静止不动。有些家庭终年从事农作，产值只有三五百元人民币。

所得差距拉大，当然有诸多后遗症；有如社会动乱的定时炸弹，不知道何时会引爆。当然，面对这一问题，有许多广为人知的政策工具。譬如，推广国民义务教育，普遍提升国民的生产力；从事道路、交通、电力、水利等基础建设，改善偏远地区经济活动的条件。然而，这些都是中长期措施，需要十数年才能发挥作用。

相形之下，本章将提出一种政策工具，希望能符合两种目标：第一，直接落实到个人（家户）。第二，消极的，避免所得差距扩大；积极的，改善所得分配，特别是缩小城乡差距。

3. 具体做法

基本构想，是对于每个国民，发给一张含有芯片的身份证/储值卡（ID card with a chip，IDCC）。而后，设定公式，每年由政府以税收和相关数据，依公式计算，直接储值到芯片里（譬如，每张卡 100 元人民币）。民众持卡到店铺商超等消费，以卡扣款直到储值归零为止。店家依消费记录，再转向政府单位请款。

在基本构想的基础上，还可以作一些调整：偏远地区和少数民族，可以依某种指数增加储值。而且，中央政府储值之外，省和地方政府可以另外考虑，储值到同一张卡上（add-on）。

由财政措施的角度着眼，储值卡的做法，在性质上包含许多成分：退税（tax refund）、实物移转（in-kind transfer）、食物券（food stamps）和消费券（consumption voucher）。另一方面，由公司和股东的角度着眼，国家是公司，国民是股东。公司视营运获利良窳，每年定期发放股利给股东。

4. 政策评估

储值卡的做法，有几点明显的好处。首先，不像义务教育或交通建设，需要相当的时间才有效果；储值卡带来的好处，立即而直接。其次，储值卡直接发给个人，每个人都能直接享受到经济发展的大饼，特别是偏远地区的民众。再次，消费会引发乘数效果，累积之后，会反应到下一年度的税收；因此，自己播下的种子，自己可以享受到果实。

此外，偏远地区的 100 元，是一笔小小的财富，可以购买额外的种子和猪崽儿、羊崽儿、鸡崽儿、鸭崽儿等；这笔钱所能发挥的效果，要高于都会区同样的金额。最后，储值卡创造和诱发的消费，等于是在偏远地区凭空孕育出市场经济。消极的，可以减缓城乡差距扩大的速度；积极的，可以削减城乡差距的幅度。一言以蔽之，储值卡做法的精神，事先让民众有鱼吃，然后，他们才有条件学钓鱼，参与市场经济，自利利人。

除了这些具体的利益之外，还有一些间接、难以量化的效果：每个国民（股东）一张储值卡，每年分享经济成长的果实（股利）；一盘散沙式的草民和国家／政府之间，建立起一种祸福与共的联结。民众对国家更有向心力，政府公共政策也更容易得到民众的回响和支持。试想，每年的春节联欢晚会，是现场直播的节目；收看的民众，以亿万计。如果在这个场合，由国家领导人宣布下一年度的储值金额，作为送给全国民众的红包，将带来多么可观的冲击。此外，储值卡上的消费记录，将是极其可贵的数据库；对社会科学的研究，对公共政策的拟定，都提供了宝贵的信息。

当然，储值卡的措施，也有一些实际的困难，值得面对。第一，公式的设定，本身就容易有争议。观念上，公式是某个分母除某个分子。分子的部分，包括经济成长率、国民所得／产值、税收等；分母的部分，包括总人口、乡村人口、偏远地区人口等。可以根据过去一二十年的相关资料，先作试算。第二，执行的部门，要横跨许多部门机构；而且，由中央政府拟定政策，到最基层发放国民储值卡，以及商家请款作业等，都将涉及复杂的作业；政府各部门在水平和垂直方向的合作，将面临相当的考验。第三，储值卡的最大受益者，应该是偏远地区的民众。然而，偏远地区，人迹罕至，交通不便；没有道路交通，更没有店铺商家。因应之道，是针对偏远地区分出等级，量力而为，先发卡到稍有商业活动的区域，再逐步深入。当然，如果每人每年 100 元人民币，累积下来就隐含可观的商机；有些大型连锁/便利商店，可能就愿意进军偏远地区设点而且长期图利。

第四，储值卡发行之后，民众可能习以为常，期待每年有一定的数额。一旦面对经济起伏/景气循环，税收减少，根据公式设算的储值金额可能变小，因而引发民怨。因应之道，可以依经济发展程度，把各地区分为几个等级。当财政紧缩时，对不同等级区域采取差别待遇。事实上，储值卡的做法，可以隐含一种"自动稳定"（automatic stabilizer）的机制。经济紧缩时，在偏远地区挹注资源，刚好可以刺激当地经济，有助于缩小城乡差距。

储值卡的做法，也可以考虑"落日条款"：当所得分配和城乡差距缩小到某一个范围内时，可以缩减储值卡发放的对象。这时候，针对特别偏远的地区和少数民族，储值卡可以和助学贷款等结合，发挥更精细的政策功能。

5. 相关考虑

国民储值卡（IDCC）的做法，可以和其他类似的做法做一比较，凸显彼此之间的异同和各自的特色。

巴基斯坦经济学者穆罕默德·尤努斯（Muhammad Yunus），以广泛提供小额贷款，成效卓著，得了诺贝尔和平奖。IDCC 和小额贷款的共同点，是以小额金钱，就能诱发经济活动，产生连锁反应，由量变而质变。相异之处，小额贷款是由"点"做起，储值卡则是雨露均沾、全面性的做法。

此外，储值卡和消费券的异同，也值得作一对照。消费券，通常是偶一为之（one-shot），目标是刺激经济活动，对抗景气循环。储值卡的做法，是重复而经常性的（repeated game），也有刺激经济活动的作用；最重要的目标，是针对所得分配、城乡差距下手；希望在效率（经济活动）和平等（所得分配）两方面，能兼顾而两全其美。

在美国，食物券的做法，已经改为芯片卡（electronic benefit transfer，EBT）。EBT 和 IDCC 很类似，最大的差别，是接受EBT 的人，基本上已经在经济体系之内；EBT 的主旨，是维持基本生活。IDCC 的主要功能，不在于维持基本生活，而是希望使偏远地区的民众，享受经济成长的好处；并且，扩充经济体系的触角，希望能纳入全体民众。

还有，国民储值卡的做法，不仅适用于中国。在其他地区，如印度、巴基斯坦和非洲等地，也值得推广。对于其他国家的援助（foreign aid），如联合国对朝鲜，也可以要求采取国民储值卡的方式，让广大的民众直接受惠。储值卡的做法，并不只是经济学者的益智游戏。截至 2018 年 1 月 20 日，中国已发行社会保障卡超过 10.88 亿张。2018 年起，北京市医保制度的财政补助，是每人每年 1430 元人民币。由医疗体系开始发行"储值卡"，好处是医疗院所的计算机等设备较先进。由社会保障卡到本文建议的储值卡，只是一步之遥！

6. 结论

调整城乡差距和改善所得分配，是人类社会面对的老问题；无论中外，都有漫长崎岖的历史。21 世纪初，中国所面对的问题，在规模和影响层面上，当然要胜于往昔——如果城乡差距和所得分配带来社会动荡，中国固然本身受害，连带地会直接影响附近区域，并且透过经济活动而波及其他地区。

拜现代科技（芯片、信息处理、无线网络等）所赐，国民储值卡的做法，可以成为新的政策工具。以新的工具，在古老的文明里，对抗古老的问题，相信能发挥实质的作用，并且在财政史上揭开新的一页！

参考文献

Luo，Xubei，and Zhu，Nong，"Rising Income Inequality in China:A Race to the Top"，*World Bank Policy Working Paper*，No.4700，2009.

Musgrave，Richard，and Musgrave，Peggy，*Public Finance in Theory and Practice*，5th edition，New York: McGraw-Hill Book Co.，1989.

Thurow，Lester C.，"Cash versus In-kind Transfers"，*American Economic Review Papers and Proceedings*，64（2）：

190-195, 1974.

Yao, Dennis, "Urban-Biased Policies and Rising Income Inequality in China", *American Economic Review Papers and Proceedings*, 89（2）: 306-310, 1999.

第六章　解决三七五租约问题刍议

1. 前言

"三七五减租"和"耕者有其田"，是 1949 年后台湾当局两项重要的措施。对于这两项措施的合宜与否，虽然学者之间仍有不同的见解，但两项措施本身对台湾经济产生了深远的影响，殆无疑义。

因为性质不同，在经过几十年之后，这两项措施也演变出很不一样的结果。"耕者有其田"的要旨是土地所有权的移转，基本上这项工作已完成。"三七五减租"主要是对租约条款的限制，对于部分租约目前仍然具有规范性。然而，物换星移，随着时空的递移，减租条例的条款对业佃双方权益的维护产生了相当大的改变。具体而论，《耕地三七五减租条例》对佃农的保障相当周密，使后者享有永佃权。其次，条例中明定：土地依法编定或变更为非耕地使用时，佃农可以得到公告地价扣除增值税款后的三分之一和其他补偿；这等于实质上给予佃农部分的土地所有权。这两种因素（近似永佃权及实质部分的土地所有权），加上佃农期待或许政府会再实施土地放领而得到全部的土地，再加上土地价值持续上扬，都使得佃农不愿放弃租佃的身份，使得地主难以自由处分土地。土地的使用效率不能提高，流通性也受到干扰。这些结果，或许都是当初在设计《三七五减租条例》时所无法（或未能）预见的。

本章的目的有二：首先是在分析三七五租约地土地的所有权问题之后，提出政策性建议，以谋解决土地所有权隶属的问题。其次，本章将"后见之明"地剖视《三七五减租条例》在设计上的缺失，以作为有关单位日后在设计法规时的参考。

2. 背景介绍及问题的界定

三七五减租源于台湾当局曾经尝试实施的二五减租。当时，佃农缴纳给地主的佃租，普遍采取分益佃租方式，而其比例通常是收获总量的50%。二五减租是将缴纳给地主的50%的佃租，减至25%。所以三七五减租便是将佃租调为最高37.5%。

对于《三七五减租条例》及耕者有其田的发展过程，论述已多而且并不是本章重点，所以不再赘述。图6-1标示出本章分析的范围。

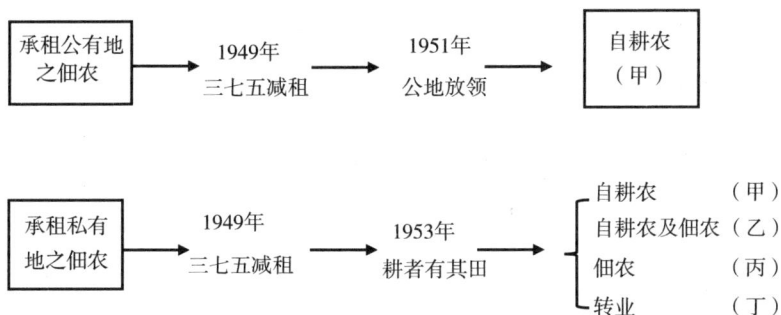

承租公有地之佃农 → 1949年 三七五减租 → 1951年 公地放领 → 自耕农（甲）

承租私有地之佃农 → 1949年 三七五减租 → 1953年 耕者有其田 →
自耕农 （甲）
自耕农及佃农（乙）
佃农 （丙）
转业 （丁）

图6-1 佃农性质变化流程

简单地说，佃农承租的土地有公有地和私有地两种。承租公有地的佃农在"公地放领"的措施下，都已成为自耕农。承租私有地的佃农，有一部分经由"耕者有其田"已经成为自耕农（甲类）。其余的佃农除了转业（丁类）之外，仍有一部分为纯佃农，不拥有耕地（丙类）；另一部分为兼具佃农和自耕农的身份，拥有自己的土地（乙类）。本章分析的范围，就是乙丙这两类佃农，根据《三七五减租条例》所承租土地的土地所有权问题。这两类农民的户数，所牵涉的租约件数和土地面积，可由图6-2至图6-5看出。

由这几个图中可以明显地看出，到现在为止，沿用减租条例的租约件数逐年减少。减少的主要原因是历年来佃农自行筹款购买地主保留地、地主依法收回土地、当局征收为公共设施用地、依法变更为非农业用地等。学者等推论，如果这种租约件数逐年减少的趋势继续下去，则几十年后租约数会趋近于零。果真如此，则《三七五减租条例》自动失去作用。这种推论，

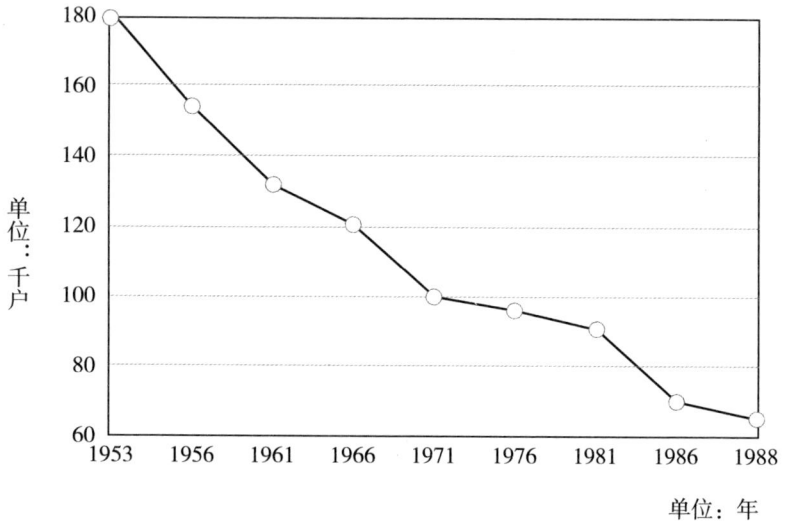

图 6-2　佃农户数历年变化

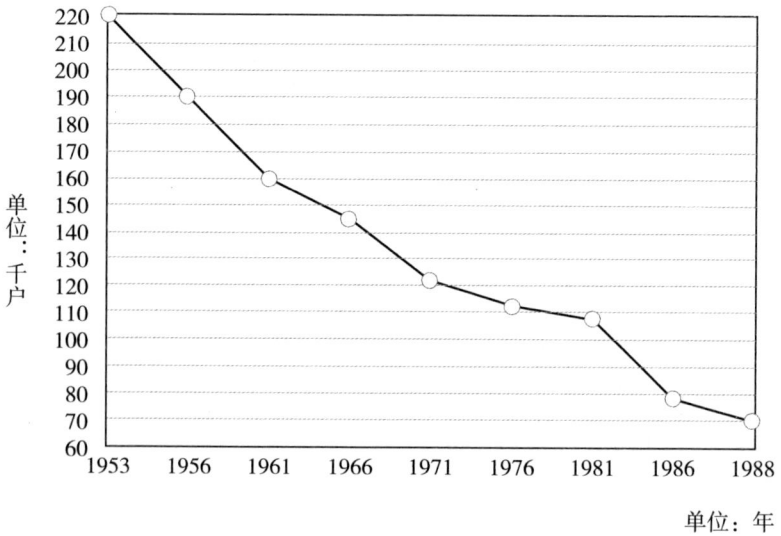

图 6-3　租约件数历年变化

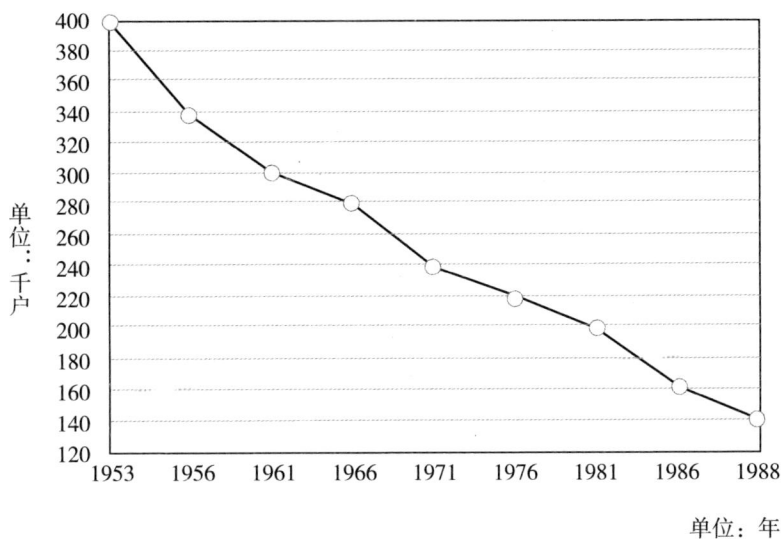

图 6-4 土地笔数历年变化

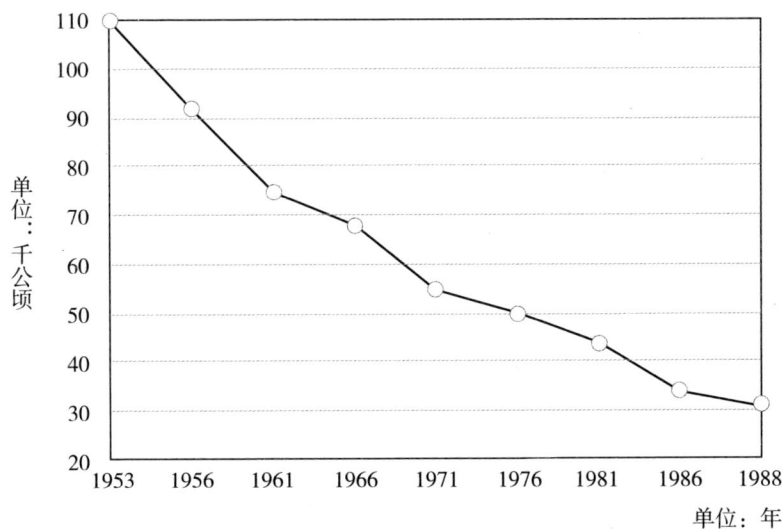

图 6-5 订约土地面积历年变化

值得争议。而且，即使几十年之后租约件数真的少到无足轻重，在这几十年的过渡阶段里，政府、地主、佃农以及整个经济体系，该不该承担因为资源分配不效率所隐含的损失？这显然是另一个值得探究的问题。

所谓资源分配不效率，可以从两方面来看：三七五租约地流通率偏低；其他农地耕作效率降低。如前所述，减租条例使佃农在享有几乎是永佃权之外，还有部分的土地所有权。因此，即使从租约地上得到的农业所得只占总所得的一小部分，佃农也不愿放弃租佃的身份，以期得到土地被征收或变更地目时的补偿，或更好的安排。而就地主来说，受到减租条例的限制，不能收回农地以作更有效率的使用（譬如转租给规模较大的经营者），只好维持现状地拖着。而为了避免给予佃农公告地价三分之一或更高的补偿，地主也希望，佃农能自动转业或将来佃农在无子为继的情况下，放弃租佃身份。无论如何，减租条例使得三七五租约地在农地经营上不能更具效率，也对土地流通产生阻碍。

其次，因为减租条例对地主造成的困扰，使得其他原为自耕或已收回土地的地主不愿意把土地出租，以免自投罗网受到减租条例的束缚。这种现象加上农业人口渐少，使得地主在自有土地上的耕作趋于粗放，效率不高。为了矫正《三七五减租条例》造成的这种后遗症，1973 年公布实施的《农业发展条例》明订"依本条例规定之委托经营，不适用《耕地三七五减租条例》"之规定。但是地主或是不知道或是心存顾忌，还是不愿意把土地出租。因此，因为减租条例的关系，使得受到影响的不仅是适用减租条例的租约土地，连带地使其他土地的使用率降低。有鉴于此，舆论呼吁当局废止或冻结减租条例，当局也已将其纳入施政方针。

以上是对研究主题的介绍，在提出建议之前，本章将先从另一角度重新检视现存的问题。首先是厘清减租条例所界定佃农权益的确实范围，然后在参考佃农地主的现况之后，提出在目前情况下较为可行的政策性建议。最后一节是对减租条例在设计上的缺失，提出一些后见之明的评估。

3.《耕地三七五减租条例》及其他法令所界定的佃农权益"是"什么？

在前言中说明，佃农在现有法令下所享有的，几乎是永佃权加上部分的土地所有权；这一节将说明这种说法的理由。图6-6及图6-7，分别是根据减租条例及平均地权条例所整理而得的佃农和地主间权益的关系。图6-6中可以看出，租约中止的条件以及某些情况下地主收回土地所需支付的补偿数额。（其中地主收回土地的原因如果是甲，则依法不需支付佃农任何补偿；如果是乙、丙，则需补偿佃农图形下方所列的款项。）图6-7是台湾地区收买或征收有租约的土地时，政府、地主及佃农三方面权益交换的关系。

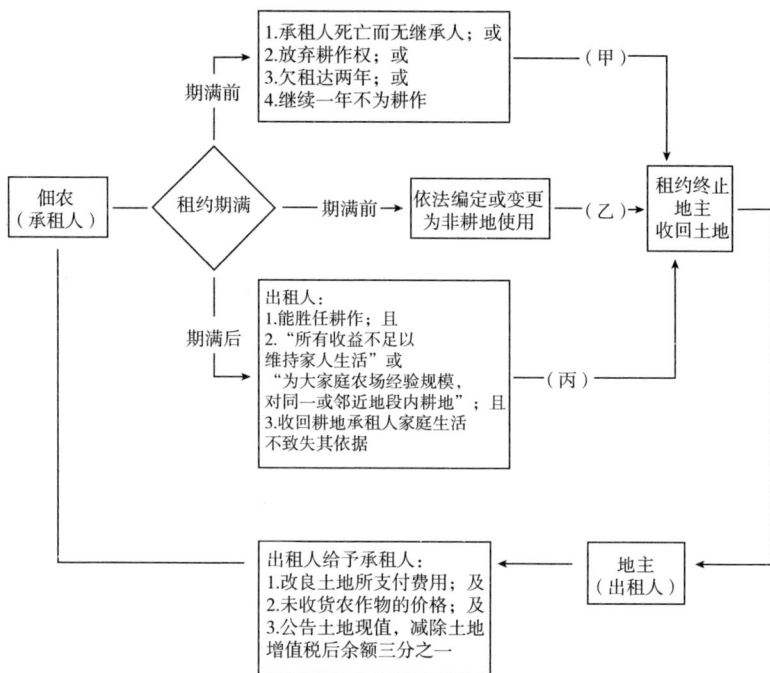

图 6-6　地主收回土地及权益交换关系

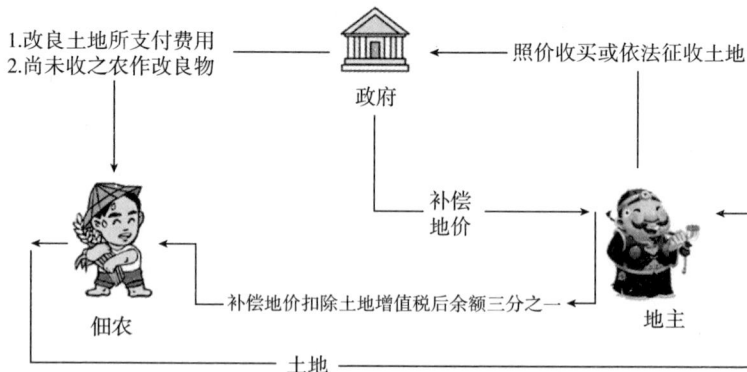

图 6-7　台湾地区收购土地时权益交换关系

1973 年颁布实施而且经过几度修正的《农业发展条例》，是为了加速农业发展，增加农民所得而制定的。其中第五条摘要如下：

1.依本条例规定之委托经营，不适用《耕地三七五减租条例》之规定；

2.费用之分担，收益之分配及委托期间，由委托人与受委托人约定；

3.届期由委托人无偿收回其土地。

这几项规定提供了一个很好的参考点，有助于了解减租条例及平均地权条例对佃农权益的界定。

先谈佃农的耕作权，减租条例对佃农耕作权的保障，主要是借着限制地主收回耕地来达成。在正常的情形下，佃农耕作、缴租、由继承人延续耕作。因此，只要不放弃耕作权，就佃农本身而言，要保有耕作权并不困难。佃农能够保有耕作权的另一个要件，是地主不能任意地收回土地。其中限制最严的条件是第三项："收回耕地承租人家庭生活不致失其依据。"即使对大多数佃农来说，目前农业所得只占总所得的一小部分，但能不能将该项规定解释为由租约地得到的所得，必须少于某个数额（譬如说佃农所得的百分之五十）佃农的家庭生活才不致"失其依据"，显然是很难认定的。因此，在佃农容易保有耕作权而地主不易收回耕地的情形下，佃农享有的几乎是永佃权。

地主要能收回土地，只好期望两种情形：一、耕地依法编定或变更为非耕地；二、当局照价收买或依法征收。但即便如此，地主也还必须给予佃农补偿。补偿的范围是由图 6-6 和图 6-7 中可看出。其中，"为改良土地所支付费用"也是容易引起争议的规定。这是指当年内所投入的费用，还是指历年来渐次投入所累积的资本？无论如何，佃农补偿的规定使佃农实质上拥有部分的土地所有权。这种部分的土地所有权就反映在佃农能在土地变更使用或被征收时，对地主要求补偿。

土地有很多的特性（或功能）。简单地可以分成两种：一是能种植农作物；二是能作为其他用途。如何利用土地，显然要看土地所有人判断在哪一种用途上较有利。对三七五租约的地主而言，减租条例使自己对于土地的裁量权受到相当的限制。对佃农而言，除了拥有受到保障而且租息极低的耕作权外，还享有对地主的求偿权。当土地的非耕作需求增加，土地价格日益上涨，土地的价值主要来自土地作为其他用途的价值。收获物的价值，可能远低于土地市价的年息。这时候，佃农借着受保障的耕作权来实现求偿权。减租条例及平均地权条例规定对佃农的补偿，主要是协助其转业，现在反而成为佃农维持身份的主要原因。这或许是当初设计减租条例及平均地权条例时，所未能预见的。下一节说明，佃农耕作权和求偿权几十年来相对地消长。

4. 业佃双方的现况和土地价值的演变

减租条例实施当时业佃双方的情况和今天相比，当然已经有很大的差异。但要划分出几十年来，大环境的变动和减租条例本身对业佃双方的影响各是多少，并不是容易的事。然而，借着一些指标，至少能较客观地看出业佃双方经济条件的今与昔。表 6-1 列出了减租条例实施前后和 1987 年的一些经济指标。

表 6-1　部分经济指标

年份	1948	1949	1951	1987
农业人口 / 总人口（%）	55	52		20.7
佃农及半自耕农 / 农业人口（%）	66	66		16.2
农业产值 / 总产值（%）			34	8.8

由表 6-1 可以看出，1949 年前后农业的重要性。对地租额的限制及对佃农耕作权的保障，可以看成是一种"物价管制"。减租条例实施前地租过高，业佃经济地位过于悬殊，主要原因可以说是农业提供主要的就业机会，市场上对耕地的索取（佃农数）大于供给（地主所能提供的土地）。在需求大于供给的情形下，价格会上升而且市场结构成为卖方的市场，卖方开始享有垄断力。当时一般记载中所述地主对佃农极尽需索，租佃条件极不合理，可以说基本上就是反映对土地的需求大于土地的供给。台湾当局颁行减租条例，对租额的限制及对佃农耕作权的保障，可以看成是一种"物价管制"。管制的方式，是人为地降

低价格（降低地租额）和保证供给数量（保障耕作权）。

如前所述，减租条例中（及平均地权条例中）对佃农补偿的规定使得佃农几乎等同于拥有部分的土地所有权（虽然事实上只是一种求偿权）。而随着时空的改变，目前佃农有借着受到保障的耕作权来实现其求偿权的倾向。这个观点，可以从两方面的数据加以考虑。图 6-8 反映出，在 1981 年和 1987 年佃农农业所得占总所得的比重，以及 1987 年佃农三七五租约地所得占农业所得的比重。横轴为两种所得百分比（农业所得 / 总所得；三七五租约地所得 / 总所得）的范围，纵轴是样本家庭数的百分比。

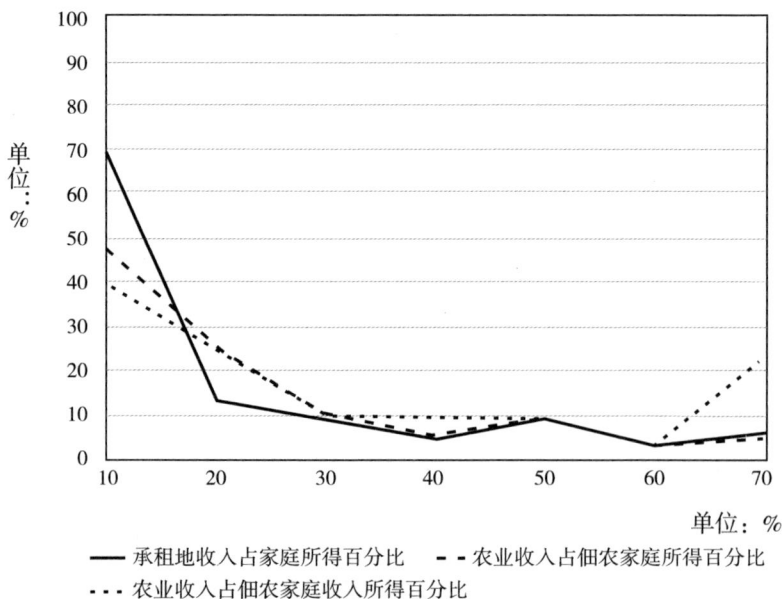

图 6-8　佃农农业所得及三七五租约地所得占总所得比例之分布

由图 6-8 中可以归纳出几点事实。在这些样本家庭里（1981年为 3934 户，1987 年为 290 户），对大多数佃农而言农业收入已占佃农家庭收入很小的一部分。在 1981 年和 1987 年，农业所得占家庭所得 20% 以下的佃农家庭分别占总样本的 70.3% 和 61.4%。如果只考虑从三七五租约地得到的所得，则比重更是显著。1987 年的样本数据显示，从承租地地上得到的收入占家庭所得不到 20% 的佃农比例高达 77.2%（占家庭所得 10% 以下的佃农比例为 64.1%）。这些数字反映出，对相当多的佃农而言，家庭生活所依赖的不再是从三七五租约地上得到的所得，甚至农业收入也不再是主要的所得来源。

图 6-8 显示出对佃农而言农业所得和承租地所得对佃农的重要性已渐渐降低。图 6-9 是每公顷稻米产值增加的趋势（反映产量和价格两种因素的变化）和人均 GDP 成长的幅度约略相仿。图 6-10 是样本地段农地公告地价历年的变化。1978 年至 1988年十年间增加的速度颇为可观，尤其 1984 年之后几乎是跳跃式地上涨。

图 6-8 到图 6-10 所反映的，可以说是支持前面所提出的论点：佃农会借着受保障的耕作权以实现其求偿权。换句话说，图 6-8 和图 6-9 显示即使每公顷的农业产值保持上扬的趋势，但是承租地所得对佃农的重要性逐渐降低，而图 6-10 更明确地标明土地价格却是快速上升。只要保持租佃的关系，佃农将来可以得到公告地价三分之一或更好的补偿。因此，佃农继续耕作虽然每年所获不多，但以后当承租地变更地目或被政府收购时，

却能得到和年收获物不成比例、极为可观的一笔款项。对佃农而言，以受保障的耕作权来实现求偿权是合情合理的做法。

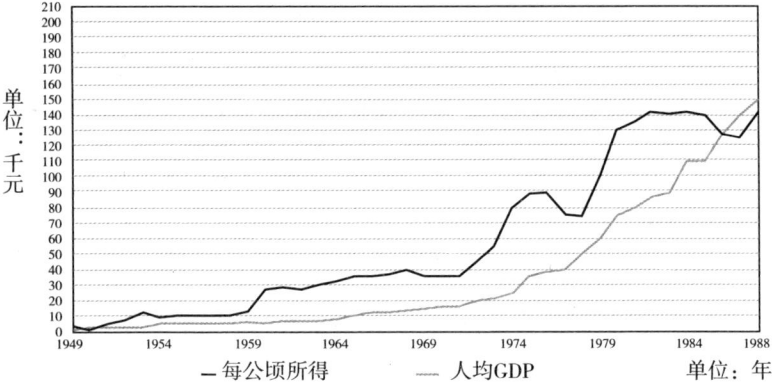

图 6-9　每公顷稻米产值及人均 GDP 历年变化

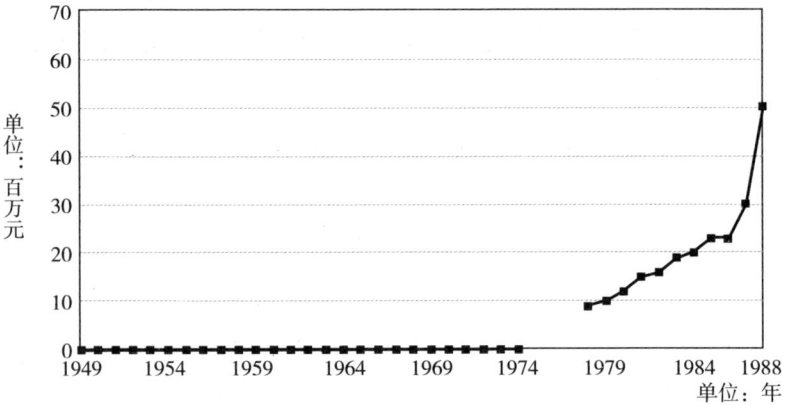

图 6-10　每公顷公告地价历年变化（样本地段）

5. 政策性建议

前两节分析减租条例（及其他法令）界定下，佃农的权益以及业佃双方经济地位相对的消长。虽然在陈述问题"是"什么时，会受到取材不同和对法条解释宽松不一的影响，但基本上，这些都是较客观的材料。这一节则是针对现存问题指出"该"怎么办，是明显地反映作者主观的价值判断。这是该先点明的。在提出解决方案之前，不妨再咀嚼一下前面的分析。

5.1 当局的角色

1949 年实施的减租条例以及往后的公地放领、耕者有其田，是当局强有力地干涉市场经济活动的一连串措施。这些措施所反映的，是当局基于社会公益（或公义）所做的行政干预。用经济术语来说，就是当局根据设定的社会福利函数，为求社会福祉的极大而采取管制或限制社会成员的行为。受到这些措施直接影响的，就达到当时人口的 34.3%。经过数十年来的蔓延扩散，这些措施对整个经济体系的影响不可谓不大。因此，追根究底，当局以开创性的精神在推行这些措施时所作的规划、导引、限制、提携，各种努力，不一而足。当初，当局直道而行、义无反顾地创造了佃农的耕作权和求偿权这两种财产权；今天，在解决现存问题上也应该积极从事、勇于担当。

5.2 法律条文界定下的政策空间

主要的考虑因素有两点：法令的连贯性；业佃双方权益不

受损害。这两点很明确，毋须多作解释。综合各有关的规定，业佃双方相关的权益可以如下。

地主：

1. 租约期间收取地租；

2. 变更地目或土地被征收时，可以向佃农收回土地，但应支付补偿金。

佃农：

1. 耕作权；

2. 在变更地目或土地被征收时，有求偿权。

解决三七五租约地土地所有权的问题有三大政策方向：耕者有其田、地主收回土地、维持现状。考虑法律的连贯性以及《农业发展条例》中对委托经营的规定，再度征收地主的土地以实现耕者有其田并不合理，所以可以排除在政策空间之外。"维持现状、改善租佃条件"和"地主收回土地、协助佃农转业"是两种较可行的方向。前者的含义是希望时间能慢慢地冲刷掉现存的三七五租约，后者则是积极地解决问题。何者为上，显然要看具体的做法如何。

5.3 情理考虑烘托出的政策空间

对佃农而言，最能使人产生同情的说法是"如果当初承租的是公有地或地主超额的土地，那么现在耕种的土地早就成为自己的了"。也就是说，这些佃农因为没有承购土地，所以权益受损。可是，这是后见之明。如果历史的发展不是如此，损益得失可能刚好相反。这可以用一个例子来说明。试想如果台海情势继续缓和，台湾当局采取更开放政策，人口开始向大陆迁移，对土地的需求大幅度地减少，导致土地价格持续下跌。结果又会是如何？当然，这是臆测之词。基于和其他已承购农地的农民比较的心理，加上期待当局再次征收地主土地放领，在三七五租约土地上耕种的佃农其情确实可悯。

地主的情形也值得仔细思量。耕者有其田实施的结果，使地主必须放弃限额外的土地。耕者有其田的措施具有所得重分配的效果，而地主明显是这次重分配中的付出者。在依法持有的土地上，又受到减租条例的限制而使得所有权残缺不全。现在的情形是地主既要接受租额偏低的契约，又没有解约的自主权。和《农业发展条例》下所界定的委托经营比较，三七五租约的地主是持续地受到不合理的待遇。今后要解决租约土地所有权的问题，于情于理都不能再牺牲地主的权益了。

台湾当局当年开创性地推进减租条例、公地放领和耕者有其田等措施所显示的魄力，和后来发现问题而对法令仅作枝节性修正的做法，实在有天壤之别。当然，彼一时，此一时，当年行政上所享有的权力和今天不可同日而语。但是，即令如此，当局有收拾善后的责任。当时，一连串措施的丰硕成果固然可喜；今天，处理这些措施所引发的问题也是责无旁贷。现存的问题并非不能解决，关键在"如何做"而已。

5.4 皆大欢喜可能吗?

斟酌法令和情理，作者提出的解决方案是地主收回土地，优厚补偿佃农。主要的两方案如表6-2。

表6-2　解决三七五减租约地所有权问题主要方案

解决方案	地主	佃农	当局
甲方案	以土地为抵押,贷款公告地价三分之一及改良物、收获物补偿款,付予佃农。	1. 得公告地价三分之一及改良物、收获物的补偿款。 2. 得转业贷款。	1. 提供转业贷款。 2. 提供地主贷款。
得	收回完整的土地所有权。	两笔资金可利用。	解决问题,提高土地使用效率。
失	自筹资金,承担贷款。	得到更好补偿的期望落空。	暂时性、局部性的民怨。
乙方案	以土地为抵押,贷款公告地价三分之一付予佃农。	1. 得公告地价三分之一及改良物、收获物的补偿款。 2. 得转业贷款。	1. 提供地主贷款。 2. 提供转业贷款。 3. 提供改良及收获物补偿款付予佃农。
得	1. 收回完整的土地所有权。 2. 负担减轻。	两笔资金可利用。	解决问题,提高土地利用效率。
失	自筹资金,承担贷款。	得到更好补偿的期望落空。	1. 暂时性、局部性的民怨。 2. 筹措补偿金。

具体的行政措施可以如下：

1. 制定《废止〈耕地三七五减租条例〉处理办法》。

2. 明定日期，适用《耕地三七五减租条例》之租约土地自该日期起，视同变更地目。

3. 自该日期起若干期限（譬如半年），佃农可申请转业贷款，抵押品原则上以佃农自有房屋为主。无屋者以其他抵押品替代；贷款机关从宽认定。

4. 于佃农提出转业贷款申请的同时，承办机关通知地主申请贷款以补偿佃农。

5. 佃农于取得转业贷款及补偿款时，和地主签订《租约中止书》。若双方同意维持租佃关系，则另订新约。新约从农业发展条例规定。

6. 若佃农于期限内不提出转业贷款申请，则地主可以主动申请补偿金贷款。贷款交由金融机关代管，并通知佃农具领。

7. 若佃农已提出申请，而地主于一定期限内不申请补偿金贷款，则经依法通知后，由地政机关代为公开标售土地。以所得价款中提拨补偿金付予佃农，其余部分通知地主具领。

8. 若佃农及地主逾期都不申请贷款，则佃农丧失申请转业贷款权利。地主仍得随时申请补偿金贷款，唯归还期限及利息不再享受优惠待遇。

9. 贷款机构可由专业银行土地及农民银行提供。地主贷款部分可以无息或低息，佃农部分则为低息。归还期限准采一般贷款期限的上限。

当然，以上叙述的只是举其大者。政策的大方向一经确定，相关单位应组成工作小组研拟细节。

因为问题牵扯复杂，解决方案能水到渠成大约是不可能的。一部分或全部的佃农可能反对，一部分或全部的地主可能会反对。主管机关和业务单位吃力不讨好是可以想见的，所能依恃的，该是和当初推行减租条例、耕者有其田等措施时一样配义与道、不计毁誉的信念。

6. 结论

　　土地改革有很多种方式，范围也有很大的差别。但是，土地改革的基本性质是一样的，也就是对农业结构的调整。农业结构既然是由一套社会关系（包括生产方式和这种生产方式下社会阶层的组合）和一套土地制度所组成（农庄大小、土地所有权等），当农业结构发生变化时，对社会其他部门当然产生影响而有互动的关系。

　　《耕地三七五减租条例》和耕者有其田，是台湾地区经济发展过程中重要的里程碑。主要的差别在于三七五减租是改善租佃条件，而耕者有其田则是土地所有权的调整。后者基本上已完成，前者沿用到今天，衍生出很多问题。这些问题主要的症结在于租约地土地所有权的归属。台湾当局曾在修订减租条例时，对部分条文稍作修改；学者也曾做过多项研究提出解决之道。本章是在这些研究的成果上进行，主要的内容有四：

　　1. 追本溯源，厘清问题的本质，指明减租条例所界定的财产权的含义；

　　2. 论述不同财产权的消长，并引据资料以佐证"佃农借耕作权以实现求偿权"的判断；

　　3. 提出具体可行的政策性建议，以求彻底解决问题；

4.评估减租条例的缺失，提出后见之明，以作为未来政策规划时殷鉴。

参考文献

Cheung，S.N.S.，*The Theory of Share Tenancy*，Chicago: University of Chicago Press，1969.

DE Janvry，A.，"The Role of Land Reform in Economic Development: Policies and Politics"，*American Journal of Agricultural Economics*，63（2）:384-392，1981.

Demsetz，H.，"The Exchange and Enforcement of Property Rights"，*Journal of Law and Economics*，7:16，1964.

Lancaster，K."A New Approach to Consumer Theory"，*Journal of Political Economy*，74（2）:132-157，1966.

第七章　就法论法——生命无价的曲折

1. 前言

　　这一章的章名，其实应该是"就法论法，怎么论？"对于法律，可以有解释，也可以有阐释。解释，是针对法律条文，说明文字的意义、内涵、适用范围等等。阐释，是由不同的角度，对法律条文打出镁光灯，希望烘托出法律的背景、精神、特定时空下的样貌（configuration）等等。无论是狭义的解释或广义的阐释，显然都有诸多不同的方式。那么，在这些百家争鸣、各擅胜场的做法里，哪一种方式最好呢？也就是，怎么论法比较好呢？

　　这一章，不直接处理这个难度甚高的"大哉问"，而采取小处着眼的方式；借着具体的事件及其引发出的法学解释，就事论事，以衬托出法学论述的某些特质。而后，再从经济分析的角度，提出对照的观点。

2. 生命无价论

在台湾法学界，关于"保险法"，有个问题一直争议不休；一般的论点，认为关键是在于"生命有价"或"生命无价"。"生命无价"是简称，比较精确的说法，是"人身无价"。在宠物店里，可以买到猫狗蛇龟等；所以，动物的生命有价，争议不大。当然，"人身无价"本身也是一个简化的概念。人身，可以指人的整体，也可以指身体的某些部位，如四肢、眼睛等。对于整体和部位，"价值"的意义如何？两者在法律上有没有差别？然而，这只是表象，并不是重点所在；追根究底，问题其实非常简单，每一个人只要自问：大学校园里，老师上课点名时出席率较高，还是不点名时出席率较高？不同的游戏规则，是不是会诱发出不同的行为，导致不同的结果？

事情的原委，值得从头说起。保险，可以粗略地分为"对物"和"对人"，也就是财产和人身。为房子买火险、地震险、海啸险，这是对财产投保；相对的，一般人买寿险、意外险、癌症险，是对生命身体投保。无论保险标的如何，保险的基本精神，是希望借助于群体的力量（也就是大数法则），能化解和降低意外对个人的冲击。原因很简单，个人也可以自我保险（多锻炼身体、少酗酒熬夜、出门带雨伞、过马路小心点、每月存钱），然而负荷的能力毕竟有限。一个人只能螳臂当车，千夫所指就可以使人无疾而亡。

保险的原理，光明正大；保险公司应运而生，利人利己。然而，水能载舟，也可能覆舟。保险的做法，也可能引发一些流弊。常见的问题之一，是"道德风险"（moral hazard）。房子只值一千万台币，向好几家公司投保火险。然后，一把不知由何而来的无名火，烧了房子；损失一千万台币，得到三五千万台币的理赔。这是一种诈欺，当然不好。因此，"保险法"里，认为这种"复保险"（重复投保）值得慎重处理。在买保险时，投保人必须诚实叙明，已经向其他保险公司买了多少保险。否则，如果隐匿不报，在发生意外时，除了第一家保险公司之外，后续的其他保险公司，可以拒绝理赔。如果能证明意外是人为造成的（譬如，纵火），第一家公司也可以拒绝理赔。而且，如果查明属实，这种行为还犯了"刑法"的诈欺罪。

财产，可能会被（恶意地）重复投保，而且过度保险；那么，生命肉体，是不是也可能引发道德危机，形成重复投保，而后产生"人为意外"，再获得巨额理赔呢？

在"保险法"里，复保险的概念出现在总则部分；但是，台湾的"最高法院"和大法官会议，曾先后作出决定。第一，复保险的规定，只适用于财产保险（房子值一千万台币，投保三四千万台币）。第二，因为"生命无价"，所以人身保险不会有过度保险；复保险的规定，不适合于人身保险。具体的字眼，是 2004 年 4 月 23 日，大法官作成"释字第 576 号解释"；其中，关于人身保险是否适用复保险的规定，解释文为："被保险人之生命、身体完整性既无法以金钱估计价值……故人身保险契约……无不当得利之问题。是以'复保险'之规定并不适用于人身保险契约。"以下的叙述，就以"生命无价"的概念，简化解释文的内涵。当然，生命无价有很多种解释，可以是"事实"（fact），也可以是"信念"（belief）。无论是基于事实或信念，台湾的法学界，似乎倾向于接受"生命无价"的论点。然而，这种见解的曲直，值得细细琢磨。

3. 真实的世界

最好，让证据来说话，先从不太相关的证据开始。日本妇人阪本春野，为了诈领保险金约 1700 万台币，于 1987 年和亲戚密谋，把自己的丈夫先灌醉、再闷死。经过初审、复审和上诉，2004 年 11 月 19 日，日本最高法院驳回已经 77 岁的阪本的请求，维持一二审的判决，处以死刑。主审法官认为，被告"冷酷残忍"，罪不可赦。

台湾也有类似的案例。2000 年，台南有一民宅发生火灾；火被扑灭后，妇人和子女被发现陈尸在客厅。火灾发生时，丈夫刚好搭亲戚便车外出。启人疑窦的是火势并不大，为什么妇人没有逃生？警方深入调查后发现，妇人和子女已先被人以丙醇迷昏，失去知觉；而且，卧室里有汽油桶，显然是人为纵火。再抽丝剥茧，最后终于真相大白，凶手就是妇人的先生林姓男子。大学时主修化工，对化学原料有相当的了解；把妻小迷昏、纵火，再制造不在场的证明，目的是诈领为妻小购买的高额保险金。这两个实例，都是以亲人为壑，谋财害命。

1999 年，在大陆杭州西湖地区旅游的台商林某，左手自手肘部被切断；林某以自己的皮带绑住伤口止血，然后报警就医。据林某表示，傍晚时他一个人在僻静处碰上匪徒劫财；他奋勇抵抗，但是势单力薄，被匪徒以刀刃砍去左臂，丢进湖里。然而，警方发现，林某神色自如，不像是经过意外变故；而且，绑住伤口的皮带上，竟然有明显的刀痕！皮带上的刀痕，显然是先把皮带绑在手肘上，再挥刀往下砍；否则，先被砍去手臂，再绑上皮带止血，皮带上不会有刀痕才是。经过侦讯，水落石出：来大陆之前，林某已先在台湾买了好几张保险单，总计7000万台币，而且保险的有效日期只有短短的10天——5月13日到5月24日。显然，他希望自导自演，制造"金手臂"，诈领保险金。因为两岸的司法机关之间，只有极为有限的合作关系，所以林某只是被驱逐出境，而没有课以刑责。

台湾中山高速公路曾发生过一起车祸，A姓男子驾驶的自用小客车，高速冲撞护栏、翻覆并起火燃烧。A某身体焦黑，面貌难以辨认。相关人员处理时发现，不久前A某才向几家保险公司买了高额的意外险。这几张保单，每月所应缴的保费可观，依A某的收入和经济状况，似乎不足以支撑高额保费。焦黑的尸体，到底是不是A某，警方和保险公司都急于发掘真相。

此外，1926年到1936年，法国人库鲁特曾经诈死六次，前后骗取保险金约300万马克，被称为"骗王之王""当代寿险诈欺之父"。真实世界里所涉及的权益关系，可以用简单的图7-1来表示：

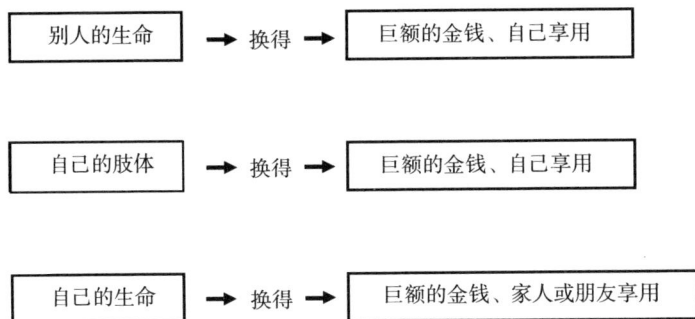

别人的生命	→ 换得 →	巨额的金钱、自己享用
自己的肢体	→ 换得 →	巨额的金钱、自己享用
自己的生命	→ 换得 →	巨额的金钱、家人或朋友享用

图7-1　要命还是要钱？

　　第一种情形里，日本的妇人阪本和中国台湾的林某，都是希望用别人的生命，换得自己的钱财；第二种情形，林某希望用自己的一条手臂，换得自己的钱财；第三种情形，A某用自己的生命，让家人或朋友得到巨额的钱财。三种情形，都是用肉体或生命，去换取（不法的）钱财。

　　由"保险法"的角度，不妨利用"复保险"和"生命无价"这两个概念，来检验这三种情形。首先，"复保险"，是重复买保险，而且依常情常理和法官认定，投保金额超过保险标的物的价值。在财产保险的情形里，容易认定投保金额超过财产（房舍）的价值；在生命肉体的情形下，却不容易衡量适当的价值。可是，重要的是，无论客观上容易衡量与否，三个事例都活生生、血淋淋地说明了在社会上，就是有很少数的某些人，希望用别人的生命、自己的肢体，乃至于自己的性命，去换得相当数额的钱财。大部分人，可能不愿意（也没有想过）用自己一条手臂、几根手指脚趾，去换取几千万台币。但是，负债累累、吸毒嗑药或基于其他原因的人，却可能会铤而走险。

他山之石，可以攻错。根据资料，在 1945 年至 1960 年，西德发生 66 件自残肢体以诈领保险金的案件。其中，58 件为左手，4 件为右手（其中两位是左撇子），其余是左脚掌、左腿和左眼。从投保到发生"意外"的时间，有 25 件不到 1 个月，21 件为 1 个月到半年，只有 3 件是 1 年以上。

其次，"生命无价"的概念，意义其实很含混模糊。对于绝大部分人来说，"生命无价"有点像"海枯石烂的爱情"，是形容词，是一种未经深思、未经检验，也无须真正面对的概念。性质上，"生命无价"是一种"信念"（belief），而不是一种"事实"（fact）。可是，因为无须检验，无从面对，所以可以放在脑海里，以一种崇高神圣的情怀、自以为是。然而，就公共政策而言，"生命无价"是一个无从操作、没有实质内涵的概念。

如果认为生命无价、珍贵得不得了，那么把这个概念推展到极致，就得到很荒谬的结果：生命无价，所以就不应该有汽车、火车、捷运、飞机等交通工具；因为，这些交通工具都可能造成意外，伤及生命。事实上，人身保险所涉及的"金手指""金脚趾""金眼睛"等，都和"生命无价"无关；更精确一点，这些案件都和"生命"无关。如果一根指头、一截脚趾、一只眼睛，可以换得成千万台币，就会有某些人愿意自残以图利。因此，在人身保险部分，对于"复保险"的解释，如果不是以"生命无价"，而是"生命很珍贵"，以"重复投保、投保金额高昂"，就可以平实明确地思索公共政策所涉及的许多面向，可以正面务实地处理人身保险所引发的流弊。

4. 解释法律

台湾"最高法院"的判决和大法官会议的决定本身，显然是问题的另一个重要关键；关键所在，是对法律的解释。在大陆法系国家和地区里，对法律条文的解释和运用，无比重要。为简化叙述，"最高法院"的判决和大法官会议的决定，简称为"司法解释"。

"司法解释"的问题，可以从两个环节上着眼：第一，认定"复保险"只适用于财产保险；第二，引用"生命无价"这个概念。两个问题，彼此环环相扣，借着一个简单的图形，可以清楚地呈现出来：

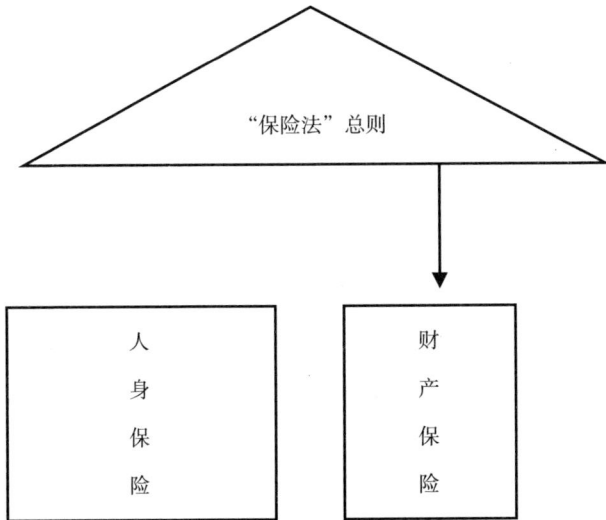

图 7-2 "保险法"的指标：选择性的屋顶

099

和一般法律一样，"保险法"先有"总则"，胪列基本原则；然后，再分成专章，分别是财产保险和人身保险两大部分。观念上，总则像是图7-2中的屋顶，涵盖下面的两大部分。然而，"司法解释"却认定，总则有关复保险的文字，只适用财产保险的部分——房子的屋顶，只为一个房间挡风遮雨。这种解释，至少有好几个明显的问题。第一，在法理上，说服力不强。第二，针对文字，其实是非也很清楚。根据"保险法"总则，复保险是指"对于同一个保险利益或事故，投保人分别与几个保险人订定契约"。根据常情常理，保险利益当然可以包括"财产"或"人身"；也就是，基于诸多理由（人情请托、经济情况变化等），不论是对财产或人身，投保人可能会买好几张保险。换一种描述方式，由字面上看，认定这种定义排除"人身保险"，需要相当大的想象力；不是扭曲文字，就是指鹿为马。第三，"保险法"是由立法机关通过，符合一般法律的结构。依情理判断，"司法解释"目前的立场，违反民意机关的立法意旨。这明显是有负面意义的"司法造法"。第四，根据"司法解释"，复保险只适用财产保险，那么问题出现了：人身保险的相关条文，又该根据哪一种原理原则呢？"司法解释"出人意表地提出"生命无价"的概念。然而，这又引出一连串的问题："生命无价"的概念，不见诸"保险法"的总则；"司法解释"如何能想当然耳、自由心证地创造概念，凌驾立法机关，凌驾"保险法"，然后援引释法？图7-3中，这等于是由空气中变出一个"生命无价"的概念，然后为人身保险挡风遮雨！在大陆法系国

100

家和地区，这可不是件小事。更何况，"生命无价"的概念，在道德上也许启迪人心，有诱人向上的作用；可是，在司法的运作里，这个概念却是格格不入。既不见诸法律条文，又和生活经验扦格，更直接为真实的案例所否定。

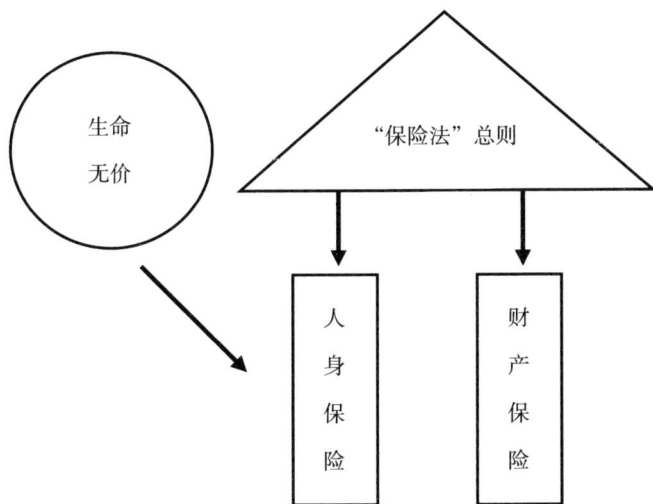

图7-3 凭空出现的指导原则

因此，"司法解释"呈现出两大问题：对"复保险"的限缩解释，以及援用"生命无价"的概念。要评估这两点"司法解释"的是非、对错、好坏，可以有很多做法。一种，是纯粹就法的内在逻辑，以过去的司法传承来考虑；这是以"过去"为指标，"回头看"（backward looking）的思维方式。另外一种，是针对这两点"司法解释"所引发的行为、所造成的现象，斟酌曲直；并且，考虑不同的司法解释，会引发哪些行为和现象，再作比较分析。这是以"未来"为指标,"往前看"(forward looking) 的思维方式。"回头看"的评估,前面已经多所着墨;下面的论述,将换个角度,发挥想象力,着眼于未来。

5. 司法解释往前看

为了使焦点集中,先考虑三种可能的发展;而后,再作简单的比较评估。第一种情形,是司法解释维持不变;认为复保险只适用于财产保险,而且以"生命无价"处理人身保险。在这种解释之下,"金手指""金眼睛"的案例继续出现。保险公司之间,可能会采取一连串的措施,以为因应。首先,同业之间达成协议、成立信息处理中心,彼此交换信息。这种做法,其实是金融界早已行之有年的防范措施:申请房屋贷款时,除了由当事人在表格里自述之外,金融业者也会主动向信息中心查询,了解相关的信息。其次,为了降低道德风险,保险公司调整保险条款,减少对"金手指""金眼睛"的理赔。一旦手指眼睛不再是金子,而变成银或铜铁,对行为自然会有显著的影响。一根手指换五千万台币,可能有不少人会心动;一根手指换五十万台币,可能还是有人愿意,但是人数当然会减少。最后,保险公司面对"金手指""金眼睛"等的理赔,利润下降,可能会提高保费;结果,真正受害的是善意的股东,以及其他多数善良无辜的投保人。但是,"金手指"等案件,毕竟只是保险公司诸多业务中的一环；只要情形还堪负荷，多半会赔偿和忍受，而不采取大动作。不理想的状态，只是社会百态、大千世界的一环，不理想、不令人满意，但是被承担、被容忍。

第二种情形，是"金手指"的案件持续增加，保险公司除了继续打官司之外，以利益团体的立场（股东、其他投保人），向立法机关游说，推动修法。或者是在"总则"关于复保险的部分，明确地列明，复保险涵盖财产保险和人身保险；或者，是在人身保险的部分，直接处理"金手指""金眼睛"等问题。同时，在修法说明里，指明"生命无价"的概念，不适于作为解释法律的依据。如果修法通过，大法官会议或者接受，或者认定修法无效。如果是后者，显然将引发立法和司法两权之间的冲突。一旦这种情形出现，问题的性质，显然已经不再是单纯法律条文的解释；民意、司法体系的运作，乃至于政治秩序，都将成为争议的焦点。

第三种情形，是"金手指"等案件持续出现，各级法院以及大法官会议，主动调整过去立场。一方面，确认"保险法"总则部分的复保险，也涵盖人身保险；另一方面，扬弃"生命无价"的突兀引用，以务实的概念和逻辑，处理公共政策所隐含的实际问题。

在这三种描述里，目前所处的轨迹，显然是第一种；而这种发展，却是成本高、耗费资源多、正义刻度低的状态。在这种意义上，目前的"司法解释"是"不好的"；因为，明明有其他"比较好"的途径，可以选择遵循。

6. 评估好坏的量尺

在个人的领域里，情人眼里出西施，自得其乐，和别人无关。可是，讨论公共政策时，除了极权独裁的体制，情人西施的做法，显然行不通。那么，在讨论公共政策（包括法律）时，怎么判断是非高下好坏呢？透过什么方式，才可以选出众人（或多数人）眼中的"西施"呢？

1999 年，美国芝加哥大学法学院举行了一场研讨会；参加的主要是法律学者和经济学者，而讨论的主题则是"成本效益分析"。除了一般性论文的报告和讨论之外，大会还请了几位重量级的贵宾。其中一位是法学界重镇，波斯纳法官（Judge Richard Posner）；另一位是诺贝尔奖得主，阿马蒂亚·森教授（Prof.Amartya Sen）。所有的文稿，最后以专辑的方式，刊载于2000 年的《法学论述丛刊》（*Journal of Legal Studies*）。

森以《成本效益分析的章法》（"The Discipline of Cost-Benefit Analysis"）为题，回顾他自己多年来的研究以及心得。题目，其实是双关语，既指成本效益分析这个"领域"（discipline），又指运用成本效益分析时该有的"规范"（discipline）。文章一开始，他先列举成本效益分析的三大基本原则（Foundational Principles）。和本文关系较密切的，是前两个原则，也刚好平实明确地反映了成本效益分析的精神所在。

第一个基本原则，就是"评估公开"（explicit evaluation）。他认为，讨论公共政策，最好以适当的程序，让各种意见能自由、公开地表达出来；也就是呈现出各种利弊得失的考虑，包括货币、道德以及其他价值上的得失。简单地说，在作成本效益分析时，每一个人必须能说出一番道理；除了能说服自己之外，也能说服其他人。成本效益分析，不能诉诸未经检验的信念（unreasoned conviction）或不能言明的推论（implicitly derived conclusion）。

第二个基本原则，是"后果式评估"（consequential evaluation）。他觉得，评估某种措施的良窳，主要是看后果如何；因为，不同的取舍，会引发不同的行为反应，也就会导致不同的状态。措施的好坏，就是看结果的好坏，而不是诉诸抽象的指标。当然，这种立场容易引发批评，认为会造成"为达目的、不择手段"或者"目的美化手段"（The end justifies the means）的讥评。然而，这只是一种误解。为达目的不择手段的做法，短期固然可能得逞，但是会引发愈来愈多不好的手段；因为，这是竭泽而渔、杀鸡取卵。从长远来看，这种"结果"当然不好。因此，只要作适当的解读，重视结果、以后果为依归的思维和评估方式，其实有相当的说服力。

森所列举的两点基本原则，和司法运作关系非常密切；两者的关联，可以从几个方面来看。首先，法院判决时，会叙明所引用的法条，并且说明法条和案件之间的关联。这是明明白白、公开的论述——成本效益分析的第一项基本原则。这么做，固然是使诉讼双方知道，官司输赢的理由；败诉的一方，可以评估是否服气、值得上诉。此外，法院叙明理由，产生了宣示效果，使社会一般大众，能透过判决而知道法律的具体内涵。因此，每一件官司，等于是提供给法院一次机会，向当事人和社会大众阐释法律。日积月累之后，由具体条文、透过大大小小的判决，慢慢地织出一张活生生的法律之网。

其次，法院明示理由的做法，刚好和某些仲裁只有决定、没有理由的方式，作一对照。在商业或工程纠纷里，争议双方可能同意不打官司，而交由仲裁处理；由双方都认可的仲裁人，决定曲折。交由仲裁的案件，通常是双方各有所据，而且理由的强弱相去不远（否则，自认比较理直气壮的一方，会循司法途径解决争议）。因为双方事先同意，接受仲裁结果，不会有上诉的考虑；叙明仲裁理由，可能平添双方对仲裁人立场的质疑。再加上撰写仲裁理由要耗费心力，但又没有经常性的机构保存记录。因此，诸多考虑之下，"只给结果，不给理由"的做法，可能反而使仲裁能更有效地进行。

再次，法院判决和仲裁的对比，刚好巧妙地烘托出"后果式思维"（consequential reasoning）——第二项基本原则——的内涵。仲裁是一回合赛局（one-shot game），一次决定，无须考虑未来；相形之下，法院判决时面对的是多重赛局（repeated game），必须考虑判决对未来的影响。事实上，法院在处理官司时，看起来似乎是处理已经发生的事，是"回头看"（backward looking）；其实，处理官司，是为了未来，是"往前看"（forward looking）。而往前看的视野，正是不折不扣的"后果式思维"。

具体而言，法院所面临的案件，大略可以分为一般性案件和棘手的"新生事物"（the hard cases）。对于一般案件，因为有类似的前例可循，或适用的法条明确，所以处理起来比较简单。

但是，即使对于这一类案件，妥善处理的目的，是为了维持好的惯例（precedent），使法律和对应的行为，能持续在好的轨迹上运行，有益于未来。譬如，惩罚刑事犯，是杀鸡儆猴，也是为了未来；如果没有未来，其实无须处理过去——没有未来，就不会有懊恼的情怀。

对于棘手的新生事物，因为没有前例可循，法院必须有足以说服自己，也希望能说服社会大众的理由。采取不同的规则，对未来的行为会产生不同的影响，因而会形成不同的社会状态；先由这些行为和社会状态里，选出较好的、缺失较少的，再回头选择引发这种行为后果的规则。因此，无论是一般案件或棘手的新生事物，法律所处理的，是已经发生的事；但是着眼所在，却是未来。

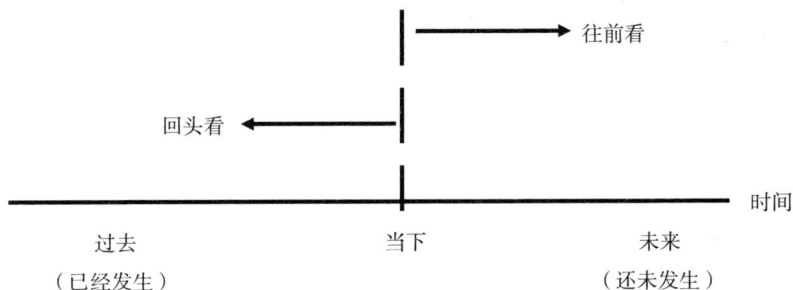

图 7-4　回头看和往前看

最后，既然采取的是"往前看""后果式思维"，要评估不同规则对未来造成的影响，自然要了解"规则"和"行为"之间的关联。这时候，面临这种挑战的人（法官、律师、法律学者），就不能再在法律名词、逻辑、条文之间打转。个人的直觉、自己的生活经验，固然派得上用场，可是有其限度。比较好的做法，是求助于法律条文和法学体系之外的其他学科，包括自然科学和社会科学。以其他学科所累积的成果、智慧结晶，作为思索评估法律的依据。

7. 量尺牛刀小试

在这一小节里，将运用"评估公开"和"后果式评估"这两个指标，简单回顾前面的案例：一方面演练如何运用这两个指标；另一方面呈现法学论述和成本效益分析之间的密切关联。

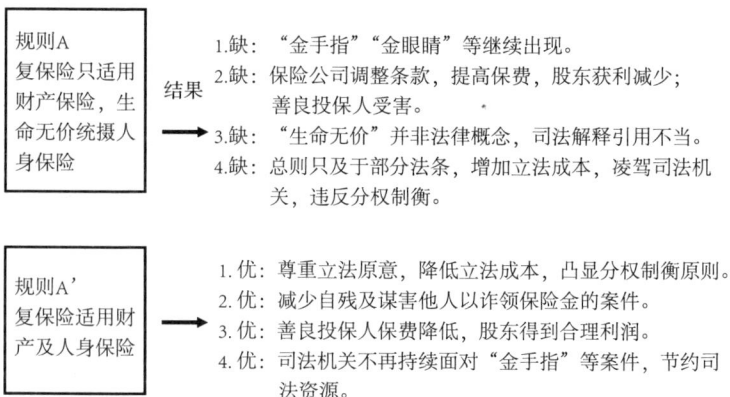

规则A
复保险只适用财产保险，生命无价统摄人身保险　结果→
1.缺："金手指""金眼睛"等继续出现。
2.缺：保险公司调整条款，提高保费，股东获利减少；善良投保人受害。
3.缺："生命无价"并非法律概念，司法解释引用不当。
4.缺：总则只及于部分法条，增加立法成本，凌驾司法机关，违反分权制衡。

规则A'
复保险适用财产及人身保险　→
1.优：尊重立法原意，降低立法成本，凸显分权制衡原则。
2.优：减少自残及谋害他人以诈领保险金的案件。
3.优：善良投保人保费降低，股东得到合理利润。
4.优：司法机关不再持续面对"金手指"等案件，节约司法资源。

图 7-5 "生命无价"和"金手指"

由图 7-5 可以清楚地看出，"后果式思维"列出两种司法解释，以及所隐含的诱因和所导引的行为。两种后果，一相比较，高下立判；然后，再逆推回去，自然可以辨认出哪一种司法解释较好。图中，社会科学现身的地方，有几点："生命无价"是抽象的概念，据以处理公共政策，并不适合；复保险不适用人身保险，会形成不当诱因，使人以"肢体"（而非"生命"）诈取钱财；保险公司受损，会把负担转嫁给善良投保人和股东。这一连串论点的启示，其实很明确：善意的出发点（认为生命无价），却可能导致恶人得逞（"金手指"等）而善人受害（其他投保人和保险公司股东）。

此外，因为认定生命无价，复保险不适用人身保险，所以，不会有过度保险，更不致引发"诈欺"的问题。结果，一旦出现"金手指"等案件，就以"民事"来处理。争议的焦点，是保险公司是否该支付理赔金，而不是投保人是否涉及诈欺。

假设司法体系调整做法，认定在财产保险和人身保险上，都可能出现诈领保险金。由后果式思维的角度，也可以作一评估。图 7-6 显示，调整立场对司法体系的影响。

刑事案例，适用较严格的审理程序；刑事侦查，涉及警察等公权力，会耗费社会资源。然而，对于"金手指"等案件，以"刑法"的诈欺处理，会产生两点明显的后果。图 7-6 左边表示，关于人身保险的纠纷，由刑事和民事处理的结构，会发生实质上的变化。目前，是刑事部分几乎为零，而几乎全部是民事；把人身保险涉及的诈欺纳入刑事之后，刑事部分增加，民事部分自然减少。更重要的，是图形的右边。一旦以刑事处理"金手指"等案件，会立刻产生宣示效果。当诈欺的潜在成本增加时（肢体残缺，骗不到保险金，还可能入狱服刑），企图以身试法的人自然减少。结果是，司法体系所面对的案件，不仅结构改变，而且件数减少。这种转变，固然提升司法解释的说服力，对司法资源有效运用，更有明显的帮助。对于纳税义务人而言，自然也就是福音。

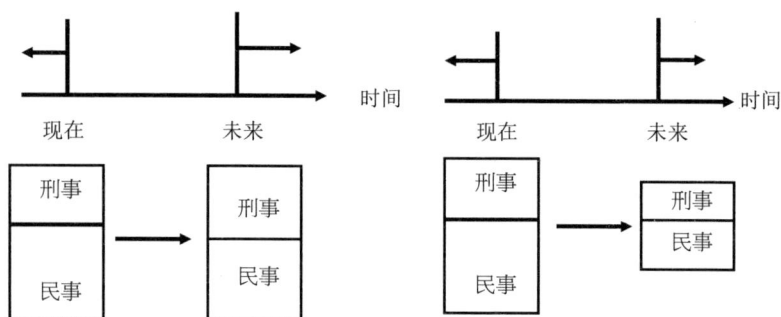

图 7-6　人身保险诈欺，纳入刑事

此外，让刑事介入处理"金手指"等案件，还有一点额外的好处。以民事来处理，保险公司在收集信息、联系查证上，因为没有公权力的支持，成本可观；而且，"金手指"等案件，往往涉及偏远地区，民间力量所能处理的，显然非常有限。相反的，如果以公权力介入，处理可能涉及的刑事问题，不但刑事机关侦讯的专长可以发挥，经验记录也可以累积传承；更重要的，跨国和两岸之间，公权力比较容易合作互惠。无论在"程序"和"实质"这两方面，都会改善。

8. 尾声

这一章里，主要有三大部分。第一部分，讨论"生命无价"和"复保险不适用人身保险"，并且处理所涉及的"司法解释"。第二部分，则是引用森对成本效益分析的解读，并且和前面的部分联结。第三部分，是比较分析；希望凸显经济分析和法学思维的密切关联，也希望能反映法学论述如何向其他学科汲取养分、添增材料。

最后，也许可以引用森和波斯纳的话，作为总结。对于成本效益分析，很多人都有保留和质疑，包括经济学者在内；对于这些考虑，森提出一个后现代式的问题，他说，如果有人表示"这个计划效益很少而成本很高——让我们着手进行吧！"谁会相信？换个方式，对于质疑成本效益分析的人，可以问他／她："成本效益分析，确实有一些缺失；但是，阁下的替代方案是什么？"在法学论述里，经常引用"法益"这个字眼，不就是隐晦的成本效益考虑吗？森强调，评估公开和后果式思维，只不过是让这种权衡斟酌的思维方式更平实晓白一些罢了。

参考文献

Easterbrook，Frank H.，"The Supreme Court，1983 Term-Foreword: The Court and the Economic System"，*Harvard Law*

Review, 98: 4-60, 1984.

Posner, Richard A., *The Problems of Jurisprudence*, Cambridge, MA: Harvard University Press, 1990.

Posner, Richard A., *Law*, *Pragmatism*, *and Democracy*, Cambridge, MA: Harvard University Press, 2003.

Sen, Amartya, "The Discipline of Cost-Benefit Analysis", *Journal of Legal Studies*, 29: 95-116, 2000.

第八章　文山温泉落石事件的法律经济分析

1. 前言

　　2005 年 4 月 3 日，台湾花莲地区著名的文山温泉发生落石意外，造成一死、两重伤、数轻伤的惨剧。两个月后，受害人的家属委托律师，要求赔偿。太鲁阁公园管理处（以下称"管理处"）拒绝协商，家属因而提起民事诉讼。

　　争议的焦点，涉及台湾"赔偿法"的第 3 条，"公共设施因设置或管理欠缺"，导致人民生命财产的损失。原告认为，对于温泉的山岩落石，管理处事前没有作土石结构评估，也没有设防护罩，因而造成伤亡，应该负责赔偿。如何妥善处理这件官司，对受害人、家属、管理处，乃至于其他公园和公务机关，都有重大影响。而且，这件官司如何判决，对"赔偿法"未来的具体操作，也有深远含义。

　　具体而论，这件官司有两个关键问题：第一，对于落石伤人，管理处有没有责任？如果有，就援用"赔偿法"依法赔偿。如果没有，就出现第二个问题：如何善后？

2. 几个法律概念

一件官司，有很多面向，也就涉及诸多法学概念。在这一节里，将简单回顾几个相关的概念；目的，是希望像盲人摸象一般，借着不同的角度，烘托出这件官司较完整的面貌。

（1）因果关系（causal relation）：原因和结果之间的联结，可以是事实上（factual）的关联，也可以是法律上（legal）的关联。对于司法体系而言，在乎的自然是后者，也就是法律上的因果关系。

对于法律上的因果关系，国内外法学论著甚多；其中，直觉上很清楚且被广泛采用的，是"可预见原则"（the foreseeable doctrine）——当事人在行为时，常情常理之下，是否可以预见行为的后果？譬如，火车误点，旅客投宿旅馆，旅馆起火，旅客行李付之一炬；旅客告铁路公司，认为其是造成损失的始作俑者。火车误点，"事实上"导致行李损失。但是，火车误点，无法预见将有火灾；因此，法律上的因果关系不成立。

（2）户外休憩活动（outdoor recreational activities）：相对于市区内和一般户内的活动，户外休闲活动，自然有活动本身隐含的风险；而且，户外活动通常是在大自然里，也就意味着大自然隐含风险和突发事件。更进一步，特殊的活动如高空弹跳、攀岩、跳伞、滑翔翼等，涉及的风险程度更高；当事人本身的责任，自然也相对增加。美国大部分辖区都立法规定，公立机关在经营管理休憩旅游区时，只对"故意的"或"荒唐的"疏失负法律责任。

（3）行为者身份：就游乐区或公园而言，对于行为者的（法律）责任，依身份不同，而有差别待遇。主要的身份有三种，而三者之间有重叠模糊的灰色地带：（a）受邀者（invitee），是指付费或受邀之后，进入游乐区/公园；（b）合法进入者（licensee），是指当事人因工作（如邮差）或其他原因，无须取得同意，就可以进入游乐区/公园；（c）闯入者（trespasser），是指没有付费，没有受邀请，没有合情合理原因，自己进入游乐区/公园。

显然，游乐区/公园所承担的责任（reasonable care），对受邀者最高，对合法进入者其次，对闯入者最低。

（4）特殊区域：像海滩、海水浴场等，可能藏有漩涡或险浪；这些场地的主人，无论是私人企业或公园，都必须依当地特殊情况，提供充分的警示。不过，欧美各国，为了提倡户外活动，鼓励私人开放海滩、山区、平地等；因此，往往通过法案，让私人享有免责权。只要不收费，对于在私人财产上发生的意外，主人通常无须承担责任。

3. 相关个案

在这一节里，将回顾外国的一些案例，主要有两个目的：首先，由不同案例中，可以萃取一些相关信息，增添数据库（data set）的内容。其次，对于户外休憩、自然保护区里发生意外，外国已经有相当多的官司；争讼双方的论点，以及最后的判决，都有可以借镜、攻错的价值。

这一节将分成两部分，第一部分简要地回顾十个案例；第二部分，则是较详细地检讨发生在夏威夷州立公园、著名的"圣灵瀑布落石官司"（Sacred Falls Rock Fall Cases）。

3.1 十个案例

个案一：原告驾驶雪车（snow mobile），在美国宾夕法尼亚州州政府拥有的森林里行驶；撞上积雪覆盖的树根，因而受伤。宾夕法尼亚州的《休憩用地法》（State Recreation Land Use Act）载明："对于在私有地上从事休憩活动的人，地主并没有责任要维持土地安全无虞，或是对土地、设施、活动的可能危险，提出警示……只要私有地开放，不收费。"这个法案的立意甚明：借着限缩地主的法律责任，以鼓励私有地地主开放私有地和水域，供公众从事休憩活动。

宾夕法尼亚州最高法院判决，被告胜诉，州政府无须负责。

个案二：夏威夷海滨旅馆（Royal Lahaina Hotel）的房客，在面对旅馆的海滨游泳，被急浪冲击而受伤，提出告诉。地方法院认定：对于海滨可能的危险，旅馆有责任警告游客；但是，事件发生当天的海象，任何正常人都可以看出是很危险的。上诉法院驳回，认为"海象危险，任何正常人都看得出"的这个事实，是否成立，值得重新评估。

个案三：由美国林业局（United States Forest Service）经营的国家森林（National Forest）里，滑雪者意外丧生；家属提出诉讼，认定林业局设施不足，而且没有充分的警示。林业局引述相关法律，主张免责。原告主张，相关的法律并不适用，因为意外发生地点，林业局向游客收取费用。法院赞成原告主张，被告不得免责，因此进行诉讼。

个案四：国家公园里，行驶中的货车刚好被倒下的大树压毁，一死一伤。原告主张，国家公园管理上有疏失，没有尽到防范意外或预警的责任。被告主张，根据美国《联邦侵权赔偿法》（*Federal Tort Claims Act*，*FTCA*），对于人迹稀少地区的树林，如何巡查，国家公园可以自由裁量；因此，对于这桩意外事件，国家公园无须负责。法院同意被告主张，不经审判程序，驳回官司。

个案五：原告驾车，经过州立公园；突然麋鹿跳出，车鹿相撞，车子严重受损。车主提出告诉，认为州立公园管理不当；对于公路上麋鹿常出没的区域，没有设立"鹿出没注意"的警告标志，没有人员巡查，也没有设栅栏。法院认定，纽约州里，许多地区都有麋鹿出没；在公路旁普设栅栏，并不可能。因此，原告败诉。

个案六：在美国陆军工程部队（U.S.Army Corps of Engineers）管理的人工水库（man-made reservoir）里，游客跳

水嬉戏；结果，撞上水底的一个树干，头部受伤，永久瘫痪。原告主张，水底的树干，是潜在的危险，工程部队应该主动清除。法院认定，根据《联邦侵权赔偿法》（FTCA），工程部队有政策裁量权，决定要不要清除水底的树干等；但是，即使决定不清除，在执行这个政策时，还是要设置警告标志；因此，认定被告有疏失。

个案七：1977 年，美国黄石公园（Yellow Stone National Park），发生灰熊伤人事件。受害人 / 原告马丁（Martin）主张，公园管理处突然封闭垃圾场，灰熊顿失食物来源。因此，才会游荡到露营地区，攻击游客。公园管理处主张，根据《联邦侵权赔偿法》，公园决定封闭垃圾场，是本身裁量权的范围，因此主张豁免。法院判决，美国黄石公园胜诉。

个案八：内华达州（Nevada）土地管理局（Bureau of Land Management）管理的旧矿坑附近，一个年轻人由矿坑支架（old mine shaft）上摔落受伤，提出告诉。管理局主张，根据法律，对于危险的情境、结构和行为，地主若是故意或恶意过失（a willful or malicious failure），未作警示，则应负责。法院同意，管理局警示不足并不是出于故意或恶意；被告胜诉。

个案九：在科罗拉多州利特尔顿市（Littleton City）的伊娃海滨公园（Ewa Beach Park），一位妇女沿沙滩捡拾海苔（seaweed），但是被水中漂流的电线杆撞伤。州最高法院判决：对于受邀到海滨公园的游客，市政府有责任，以合理的方式（exercise reasonable care），维持游客的安全；并且对可能的危险，提出预警。因此，原告胜诉。

个案十：英美习惯法（The Common Law）里，有一世代相承的法原则（doctrine）：未开垦的土地（natural unimproved land）若因为自然因素而对相邻房地造成损害，地主无须负责。1978年3月，连日大雨后，洛杉矶（Los Angeles County）的马力布海滩（Malibu beach），发生土石移位。亚当森集团（The Adamson Companies）所拥有的一大块土地，因为位移而挤压斯普雷彻（Sprecher）的海滨豪宅，造成豪宅旋转，进一步挤压隔壁邻居塞克斯顿（Sexton）。两邻居之间的纠纷，由彼此保险公司处理。斯普雷彻控告亚当森集团的官司，上诉到加州最高法院，发回更审。最后，两方以一万美元达成和解。

一万美元的金额，相对于继续诉讼的费用，微不足道。因为，双方都知道，如果继续打官司，被告亚当森集团将会胜诉——根据习惯法的传统，原告在购屋置产时，早已知道附近土地曾经位移，自愿承担风险（assumption of risk）。

总结一下：十个案例，结果不同；法院裁决的理由，也不一而足。关键所在，是原告被告之间的责任如何划分，以及影响责任归属的理由。

3.2 圣灵瀑布落石意外

1999年5月初，夏威夷圣灵瀑布州立公园（Sacred Falls State Park）发生落石意外。死伤者/家属随后提出11件官司，控告州立公园疏失；第一巡回法院（The First Circuit Court）决定，并案审理。

圣灵瀑布，位于夏威夷最大岛欧胡（Oahu）的一个溪谷里，风光明媚。这是一条狭长的宽约 15 米的溪谷，两侧岩壁往上垂直延伸 600 米，都是火山岩的结构；瀑布本身高约 200 米，下方形成一个水池，可以游泳。经过千万年的风化和地壳运动，加上充沛的雨量和温暖的气候，附近的岩石持续不定期断裂剥落。因为地形结构使然，接近瀑布的 300 米，是落石最常发生也最危险的区域。

1976 年，州政府买下瀑布周边的土地；经过研究和规划，把瀑布区开发成徒步登山的景点。园方估计，瀑布区的游客容量，每天（9 个小时）是 334 人；以每人平均停留半小时计，同一个时间里，在瀑布和水边大约会有 24 位游客。

圣灵瀑布州立公园于 1980 年对外开放，游客持续增加；由当初每年 7000 人，增加到 1992 年的 70000 人左右。这期间，瀑布区还是延续世世代代的传统，断断续续发生落石，甚至造成死伤。1999 年 5 月 9 日下午 2 点 30 分左右，有 20 到 23 立方米的石块和碎岩，凭空轰然宣泄而下；尘埃落定之后，游客 8 死、50 多人伤，震惊全美。当时在场的目击者表示，意外发生时，天朗气清，惠风和畅，毫无预警可言。

判决书里，主审法官德尔罗萨里奥（Hon.D.Del Rosario）以笔记摘要的方式，以平铺直叙的白话文（plain English），列出 194 条相关事项。分为 17 大项，包括：公园的地理结构、公园的管理、对外宣传、公园的组织结构、警告标志的内容和设置地点、过去落石的记录、对过去落石事件的处理、证人对警示标志的证词等等。

法官的主要结论，包括下列几点。

120

（1）对于造访某地的人员，无论身份，地主有责任（general duty）以合理的方式（reasonable care）照顾这些人的安全。

（2）若地主已经知道（或应该知道）土地上有特殊情况对造访者有相当的潜在危害（unreasonable risk of harm），则地主有责任采取合理措施以消弭潜在风险，或充分警示造访者。

（3）合理的警示，能充分表达潜在的危险、危险的性质、危险迫切的程度。根据美国国家标准协会（American National Standards Institute，ANSI）的规定，警告标示应以明确、扼要的方式，传达三种讯息：哪一种危害（hazards）、危害的可能后果、如何避开危害；而且，一个警示标志上，只应标示一种危害。

（4）圣灵瀑布的落石，对公园游客，是不合理的潜在危害（an unreasonable risk of harm）。根据过去的落石历史，州立公园已经知道（或应该知道）这种潜在的危害。

（5）既然如此，州立公园应该以更多明确的警示，提醒游客潜在的危害。然而，事发时，公园里的警示标志，并不能有效地警告游客落石危害的性质、严重性和可能地点。

（6）法院认定，1999年5月9日圣灵瀑布的落石，不是"上帝之手"（an Act of God）。州立公园没有尽到责任，没有充分警示游客关于落石的危害。（"The State failed to adequately warn visitors of the rock fall hazard."）

法官判决：原告胜诉；损害赔偿部分，继续审理。

圣灵瀑布落石意外和文山温泉落石意外，有很多相同和相异之处。相同之处：都发生在"国立"/ 州立公园，都是知名景点，都是落石，都造成死伤，都有温泉 / 水池，也都有警告落石的标志。相异之处：圣灵瀑布地区一直断断续续有落石，对于这些落石和潜在的危险，游客或许不了解，当地居民和公园管理单位，却都知之甚明，圣灵瀑布的落石过去已经造成死伤；相形之下，在文山温泉，这些都不成立。

4. 落石事件：责任问题

落石事件造成伤亡，管理处的作为是否符合"赔偿法"第3条"公共设施的设置或管理有欠缺"？因此，关键在于设置和管理是否欠缺，而法律上判断是否有欠缺，必须根据某种尺度（measure）或参考坐标（benchmark）。

如果管理处可以预见将有落石，但是没有设置防护罩，显然"设置"上有欠缺。如果巡查人员，可以预见将有落石，但是没有关闭温泉或预警游客，显然"管理"上有欠缺。对于这两种缺失，下列几点可以参考。

（1）如果知道将有落石，管理处当然愿意加设防护罩；如果知道将有落石，受害人当然会避开。但是，这些都是后见之明。在事前，对于文山温泉，管理处没有料到会有落石，因此没有加设防护罩；而且，不只对文山温泉，对于整个太鲁阁公

122

园，也没有普遍加装防护罩。

（2）事故发生地点，并没有落石的记录；无论是文字记载或附近居民口耳相传，近百年来，文山温泉从没有出现落石伤人的问题；唯一的一次，据说是猴群嬉戏，推下石头，打伤游客脚部。

（3）在管理上，管理处人员每天巡视温泉附近，包括步道、停车场、温泉、公厕、更衣室等；记载大致的游客量和突发事件（捕捉野狗、拆除帐篷等）。对于溪水暴涨和地震，也都逐日登录。在意外发生前几个月，根据《文山温泉步道保育巡查日志簿》，并没有任何迹象显示将有落石。

（4）根据《巡查日志簿》，管理人员的工作有两个重点：第一，维持区域内的清洁；第二，注意游客安全。第二项工作，平常主要是巡查步道是否湿滑、栏杆是否毁损等。雨季，则是注意山洪暴发、溪水暴涨。地震过后，注意步道周围是否有落石或岩壁脱落等。因此，在安全上，无论是平时或雨季地震等，就文山温泉本身而言，温泉上方的落石，并不是"可预见"的危险。

（5）落石事件之后，管理处请多位地质专家现场勘察；专家们表示，4月3日落石前，曾经在3月29、30、31日连续三天大雨，可能因而造成岩片崩落。这当然是后见之明。因为，过去也有连日暴雨，可是并没有引发落石。

（6）根据管理处记录，自1986年公园成立以来，共有11次落石意外；可是，都不是发生在文山温泉。而且，管理处历年来曾委托不同学者，研究太鲁阁地区岩层、崩塌、防灾、落石等问题，文山温泉也从来不在研究范围内。原因很简单，根据过去经验，文山温泉没有落石的问题。

（7）文山温泉的结构，可以利用图 8-1 反映。图中标示出几个点，值得稍作说明：①是温泉上方的陡坡，全是树丛，往上延伸几百米；无法攀爬，游客和巡查人员，都不会涉足。②是坡沿，岩石结构；落石就是由这个点垂直落下，直接掉在温泉。③是池边和池内。

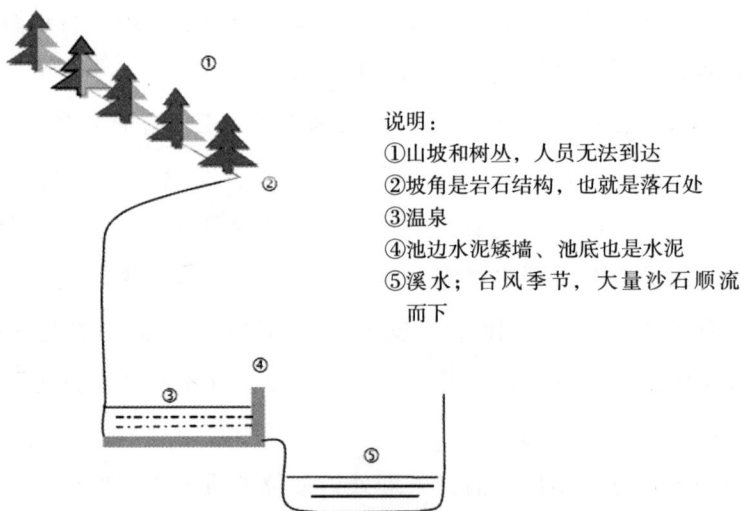

说明：
①山坡和树丛，人员无法到达
②坡角是岩石结构，也就是落石处
③温泉
④池边水泥矮墙、池底也是水泥
⑤溪水；台风季节，大量沙石顺流而下

图 8-1 文山温泉横剖面

（8）对于文山温泉，管理处曾经多次进行小型工程，改建池边相关设施（图 8-1 中的④）。工程期间，自然有挖掘敲打等作为；可是，因而产生的震动声响，并没有引发落石。此外，每年台风季节，山洪带来大量泥沙土石，顺势而下，甚至淹没文山温泉（图 8-1 中的⑤，是温泉旁、位置较低的溪流）。山洪土石所造成的声响和震动，也从来没有引发落石。

　　另外，就"设施"而言，文山温泉算不算是"公共设施"呢？借用下面图 8-2 的光谱（spectrum），可以烘托出问题的曲折：

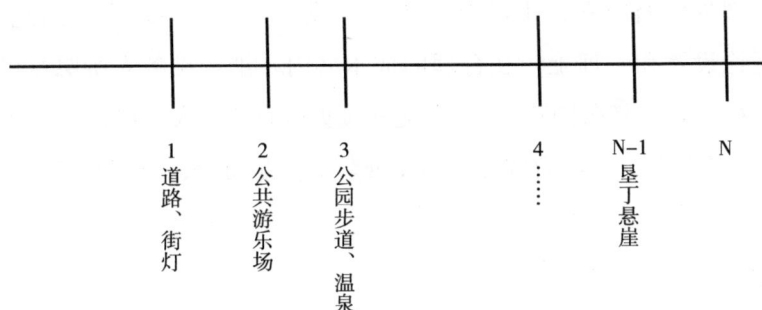

```
        |       |       |       |   |   |
 ───────┼───────┼───────┼───────┼───┼───┼──────
        |       |       |       |   |   |
        1       2       3       4  N-1  N
       道       公       公       ……  垦
       路       共       园          丁
       、       游       步          悬
       街       乐       道          崖
       灯       场       、
                        温
                        泉
```

图 8-2　"公共设施"的光谱

　　最左边的点，是道路、街灯、市府、法院等建筑；其次，往右边，是公共游乐场、青少年活动中心等；然后，是公园的步道、温泉、山径；最后，是公园里的山崖悬壁（玉山的峰崖峭壁、垦丁靠海的陡壁悬崖等）。光谱上的点，愈往左边，公共设施的意义愈明确；愈往右边，公共设施的意义愈模糊。

　　而且，在大自然里，不可避免的含有风险；进入大自然，也隐含承担某种风险（assumption of risk）。即使在公园里，山川河流等，是不是一体适用"公共设施"，还有很大的讨论空间。因此，就文山温泉的意外而言，文山温泉的池边、阶梯、

125

栏杆等，确实为管理处所设置；然而，温泉是在公园的大自然环境里；温泉上方偶然掉落的石块，是否就足以认定涉及"公共设施"，值得斟酌。以目前法学界的见解而言，这点目前并没有定论。

综合以上几点，就事前而言，文山温泉的游客，身份上是"合法进入者"（licensee）；在公园的大自然里，从事休憩活动；管理处没有收费，也没有"故意"或"荒唐"的疏失。因此，无论设置和管理上，在合理的成本之内（纳税义务人所愿意付的税、以支持公园营运），并无法预见落石和伤人。1994年4月3日的落石，可以看成纯粹的意外。既然是意外，就涉及善后的问题。

5. 落石事件：善后问题

落石伤人的意外，如果发生在民营的游乐区，处理方式大致是首先考虑园方有没有过失，如果没有过失，就以意外来处理；既然出售入场券，自然会以部分收入，向保险公司投保意外险，而后，就以保险来处理意外。

同样的道理，在公园里休憩旅游泡温泉，确实有可能出现意外。意外，在文明社会里，通常以保险来善后。试想，如果文山温泉事件，是由天上掉下来的陨石造成伤亡，当然还是要善后。

126

在草拟"赔偿法"时，参加拟法的学者表示："不可抗力事件，造成的损害，政府不负赔偿责任；如果以金钱救助，属于社会救助的范围，而非政府赔偿。"然而，"赔偿法"的解释和适用，应该与时俱进；对于意外，可以利用保险来处理。事实上，玉山公园已经为游客投保意外险，太鲁阁公园本身，也已经对游客中心等建筑设置意外险。

根据前面的分析，对于文山温泉的落石事件，管理处事先无从预见，纯粹是意外。如果是意外，以保险来处理，而保险的方式，有很多种：自我保险（self-insurance）、商业保险（commercial insurance）、社会保险（social insurance），或是这三种的组合与变形。以文山温泉落石意外而言，除了温泉客个人所拥有的保险（公劳农保，以及自己购买的保险）之外，还有社会保险（社会局的急难救助，以及医疗部分的全民健保）。不过，考虑各种因素，管理处应该设有意外险，处理善后事宜。这种判断，是基于以下几点理由。

首先，和社会局相比，管理处最了解园区内的状况。在承担风险和提供保险上，显然具有比较优势；能量身裁制，提供适当的保险措施。

其次，文山温泉过去从没有发生落石造成伤亡；但是，在太鲁阁公园其他地区，历年来却遇有滚石落石等意外，造成伤亡。因此，根据可预见原则，管理处无从预见文山温泉这个特定地点的意外和伤亡。然而，从过去经验中，却可以预见园区里会不定期、不定点有意外和伤亡。除了以标志事先警示之外，自然应该有保险，能在意外发生后处理善后。就像汽车强制保险一样，事先不知道哪几部车将有意外。但是，根据经验法则（过去的记录），总有意外发生；意外一旦发生，就以保险善后。

再次，无论是对死伤的当事人或家属，意外发生之后，总希望能借着某种方式，"解释"这个意外；而且，借着某种方式，在心理上"因应"这个意外。透过这个过程，可以慢慢找回生活的秩序和意义，再继续生命的旅程。如果管理处法律上没有责任，也没有保险理赔，死伤者和家属要自己舔舐自己（心灵上）的伤口；那么，不仅死伤者和家属难以接受，一般社会大众会觉得违反情理，管理处上下恐怕也不会心安理得。相对的，管理处没有法律责任，但是以保险善后，显然比较能抚慰死伤者和家属，并且说服社会大众和管理处本身。

最后，落石意外发生之后，管理处采取多项措施。其中有三项，值得提出。第一，事故发生后第二天起，管理处就责成一级主管，每天轮流到医院探视受伤就医者。第二，落石意外的死者出殡时，管理处的处长率所有主管出席致祭。第三，管理处曾主动征询死者配偶，愿意安排工作，协助渡过难关。这三种措施，都是在善后；在性质上，其实就是保险——意外发生后，以他人力量，提供协助，希望减轻或弥补损失！因此，管理处本身的作为，其实已经反映保险的精神；进一步提供金钱上的慰藉，只是程度上的差别而已。

就保险理赔的程度而言，可以有小保、中保和大保。小保，是基本保障；中保，是基本保障之外，还能照顾死伤者一段时间；大保，是对死伤者，能终生养护。在取舍时，有几点值得考虑。

第一，大保，通常是行为者有恶意或有重大过失时，采取的善后措施。而且，因为意外而得到高额理赔，对死伤者和家属而言，变成"意外利得"（windfall gains）。意外利得，容易形成不当诱因，引发道德风险（moral hazard），引发未来人为的"意外"和后续的争讼；对当事人、律师和司法体系而言，都增添额外的负荷。

第二，由司法上来看，文山温泉落石事件引发的官司，最重要的是提出"管理含保险"这个法原则（legal doctrine）。一旦这个法原则为各级法院所接受，管理处及其他公立机关和事业单位，都将主动提供保险。长远来看，这次意外保险理赔的金额大小，其实居次要的地位。

第三，关于户外休憩旅游，"赔偿法"的适用范围和程度，还在起步阶段。从事户外活动时，游客和民众本身，也应该有保险意识，自我保险。公立机关的保险，应该只是补充、济其穷而已，而不应该是主导。

第四，意外事件的保险理赔，可以借助一些参考坐标，来考虑理赔的范围和金额：玉山公园，为游客投保的意外险；六福村等民间游乐区，收费之后，为游客投保的意外险；一般游览业者，为游客投保的意外险；各级政府，对民众提供的"天然灾害抚恤措施"。还有，管理处当初提议，为死者配偶安排工作；这份工作的净收入（所得减去心力付出），考虑工作时间（到退休为止），再换算成目前的"折现值"（discounted present value）——这是管理处针对个案，主动提供的保险，也有相当的参考价值。

6. 后见之明

前事不忘，后事之师。由文山温泉落石意外以及由其所引发的官司，希望能萃取一些智能；对当事人、各公园、一般公立机关、社会大众以及司法体系，都有参考的价值。首先，对于争讼，华人社会一向非常排斥，甚至认为不祥。在一个稳定、传统的农业社会里，价值体系稳定，权利义务清楚明确，争讼可能确实劳民伤财。然而，当社会变动脚步加快，价值体系与时俱进，权利义务也因循变化时，借着一连串的官司，往往才能厘清各当事人的权利义务、责任归属。具体而言，文山温泉意外引发的官司，有助于厘清：管理处（太鲁阁及其他公园、事业单位、公务机关）在业务上应尽的责任（due care，reasonable care）到底为何；另一方面，对于从事户外活动的民众，本身所承担的风险、应有的防范保障，界限又是如何。当然，透过这件官司，司法体系也可以澄清"赔偿法"的具体内涵；在法条文字和真实世界之间，勾勒出适当的联结。在结论部分，看法也是如此；对户外活动引发的诉讼，持正面的态度。

其次，"管理含保险"的概念，是对"赔偿法"新的解释。一方面，反映事实。因为玉山公园和太鲁阁公园在管理上，都已经主动采取保险措施。另一方面，也反映一般社会大众的情怀，也就是反映了文化的特质。

英美社会，鼓励户外活动，强调大自然"不可预测"（unpredictable）和"不可控制"（uncontrolled）的特性。而且，透过一连串的立法，限缩公立机关（国家公园、林业局和各级政府等）的法律责任。因此，一旦有官司诉讼，只要没有过失或侵权，就此结束，没有保险的问题。不同的社会，有不同的历史经验，发展出不同的思想观念和价值体系，自然是合情合理。

最后，延续上一点的思维。随着经济发展，所得水平提高，民众温饱之后，已经开始从事各种休闲旅游活动。接触大自然的频率，快速上升；因而衍生的意外和官司，也可望逐年增加。对于风险的态度（事前的承担和事后的善后），也会逐渐变化。相对的，司法体系所维持的游戏规则，也必然是与时俱进（an evolving standard）。因此，对于司法体系而言，重要的并不是找出一个亘久不变的量尺，而是辨认出影响量尺的主要因素。在任何一个时点上，能清楚地论述，主要影响量尺的因素是哪些，彼此之间的权重又如何；当环境的主观客观条件发生变化时，这些主要因素又应该如何调节。

参考文献

Hronek, Bruce B., and Spengler, John O., *Legal Liability in Recreation and Sports*, Champaign, IL.: Sagamore Pub., 1997.

McAvoy, Leo, Dustin, Daniel, Rankin, Janna, and Frakt, Arthur, "Wilderness and Legal Liability: Guidelines for Resource Managers and Programs Leaders", *Journal of Park and Recreation*

Administration, 3 (1) : 41-47, 1985.

NaPier, Patricia Mathias, and Baldemor, Jill Murakami, "Landowner Liability under Hawaii Law", *Hawaii Bar Journal*, 8: 1-14, 2004.

Witt, John Fabian, "Toward a New History of American Accident Law:Classical Tort Law and the Cooperative First-Party Insurance Movement", *Harvard Law Review*, 114: 690-841, 2001.

第三篇　脑海里的法

第九章　脑海里的乐章——思考的艺术

1. 尼采的话

　　香港城市大学，坐落在很特殊的地理位置。在一个"工"字形的两边，一边是大型的购物中心"又一城"；购物中心紧挨着的，是香港地铁，以及直通内地的"九广铁路"。另一边，就是城市大学，由一整幢漫延伸展的大楼所组成，是近两万师生活动的中心。连接大学和购物中心的，是位于马路之下的一条甬道。

　　在甬道两边的墙壁上，镶嵌了许多格言警句。其中一则，是超人尼采（Friedrich Nietzsche）的观察："没有事实，只有诠释（There are no facts，only interpretations）。"这篇文章的内容，可以说就是围绕着尼采的这句话。不过，也许由一个更具体的情境开始，比较容易点出这篇文章的主题。

　　《哈利·波特》的电影一到，马上吸引大批影迷捧场；电影院外，男女老少都有。在卖票的窗口前，排了一长串的人，依次买票。可是，说时迟那时快，有一个人从旁边窜出，要插队。每一个人都可以自问，如果碰上类似的情况，自己会怎么想？怎么办？

如果自己已经接近卖票的窗口，而插队的人就插进自己的前面，那么，自己的权益直接受到影响，自己是这个情境的一部分，是当事人，是参与者（participant）。如果自己离得远，冷眼看到这一幕，那么，自己有点像是事不关己的旁观者（observer）。如果自己是参与者，会怎么处置？如果是旁观者，又会怎么因应？如果自己带着稚龄子女，会怎么办？如果自己和一群朋友在一起，会不会有不同的取舍？

无论是旁观者或参与者，无论自己最后如何取舍，在行为上有所举措之前，脑海里一定经过两个步骤：第一步，先认知到有人插队；第二步，再斟酌该如何自处。如果第二步是"不假思索、出面制止"，表示花在第二步上的时间很短、很少。不过，对于绝大部分的人而言，是不是如此呢？关于第一步，主要是生理学、社会学探讨的部分。先是眼睛看到信号，然后把信号转变成意识；这两部分，分别是生理学和社会学的范畴。关于第二步，意识到有人插队之后的思维和举止，是经济学关心的课题，也是这章的重点所在。

简单地说，这一章将探讨思考的意义，并且提出经济学的一得之愚。最好的方式，是循序渐进，分成三部曲：先描述一般的思维方式，再介绍一位哲学家的思考艺术，最后是经济学的行为理论。

2. 第一部曲：人之初

电影院前，看到插队那一幕的人，男女老少都有；有的受过高等教育，有的可能只是小学毕业。不过，无论年龄性别知识上有多少差别，对于插队的景象，每一个人都有自己的判断和想法。

各式各样的判断和想法，不是与生俱来，而是后天所形成。社会学者用"社会化"（socialization）这个概念，泛指成长和学习的过程；在这个过程里，由耳闻目见自己或别人的经验中，慢慢锻炼出一些能力。一旦面对某种情境，就可以从自己的"数据库"（data bank）里，唤醒相关的信息，作为因应的基础。然而，这只是很粗糙的描述；不同的社会化过程，会如何影响人的判断和思维呢？历史学者海尔布罗纳（Robert Heilbroner），曾经提出一种有趣而且发人深省的观点。

在人类历史的初期，人们大概还处于狩猎渔牧的生活形态。也许有语言，但是没有文字，也就没有见诸记载的历史。人们对过去的了解有限，对未来更茫然无知；在这个阶段里，"未来"（future）是个空洞甚至不存在的概念。而后，符号文字渐次出现，历史往前推移；但是，在以农业为主的环境里，四时循环、日出日落，几乎是亘古不变的定律。在这个阶段里，人们期望"未来"就和过去一样，只是重复，而不会有变化。

十八世纪的工业革命，改变了这一切。科技进步，带动了产业的革命；铁路、蒸汽船、飞机、电视、汽车、计算机，是一连串令人目不暇接、眼花缭乱的变化。历史不再是静态的重复,"变化"成为常态;对于未来,人们的期待会迥异于过去。

因此,在不同的情境之下成长,显然会有不同的思维方式、不同的世界观。同样的,在海尔布罗纳的大历史之下,同时期但不同环境里成长的人,也会雕塑出不同的想法。譬如,在一般人的心目中,农村子弟务实可靠、鲁直木讷;上海人口才伶俐,慷慨好客;客家人勤奋节俭,刻苦耐劳。这些性格上的特质,反映了成长环境的特色;也反映了面对同样的情境时,不同成长背景的人,思考判断上会有不同的倾向和取舍。

历史和地理,分别是时间和空间的差异;除此之外,年龄的大小,显然也是影响思维判断的重要因素。年龄大,见多识广;数据库里的档案多,自然比较容易老成持重一些。简单地说,在不同时间和空间里,由成长的过程中,人们逐渐累积出思维判断的能力;这种能力,随着年龄的变化,而渐趋成熟稳定。追根究底,这种自然而然形成、不经刻意斧凿的思维判断能力,就是"经验"(experiences)。

因此,这种思维判断的能力,可以称为"经验方程式",一切以经验为依归。经验方程式的好坏,当然要和其他的思维判断方式、其他的方程式相比,才能一见分晓。

3. 第二部曲:李天命

《李天命的思考艺术》这本书,由香港明报出版社出版;第

1 版是 1991 年 1 月，到 2009 年，已经是第六十版。这本书，曾经长居香港书店的畅销排行榜榜首；在台湾和大陆发行时，反应也非常热烈。这本书既畅销又长销，固然特别；李天命本人的生平，更是别致有趣。

大约五岁时，他自己在街上玩耍，脑海里就开始想："我是谁？为什么有我？为什么有这个世界？"因为是家里的老幺，格外受到宽容。三岁时，家里有客人，大家围着圆桌吃饭，他突然有股冲动，要捣乱；他高喊："妈妈，我要撒一泡尿在碗里。"全家愕然，但是妈妈让他得寸进尺，爬上饭桌尿尿。

在学校里，他特立独行，是老师又爱又恨的头痛人物。香港中文大学哲学系毕业后，留下来担任助教一年；系主任牟宗三要他教"高等逻辑"，而"普通逻辑"这门课，则是由一位学历和职等都较高的讲师来教。

他后来到美国芝加哥大学读研究生，但是大部分时间，是跑到加拿大朋友家里，和大家赌"沙蟹"（梭哈）。待在芝加哥大学的时间，加起来只有两三个月。取得学位以后，回到母校香港中文大学任教；课堂上辩才无碍，见解不凡，是非常受欢迎的老师。可是，他反对发表论文以求升等的做法，所以在英制下，多年来一直保持当初应聘时的职等。

他最为人津津乐道的事迹之一，是 1987 年的一场辩论。当年 9 月，加拿大学园传道会的韩那（Michael Horner），在中文大学和李天命公开辩论；题目是"有神论是否比无神论更为合理"，韩那是正方，李天命是反方。当晚吸引了 1700 名听众，把大礼堂挤得水泄不通。据说韩那从 1974 年开始，巡回世界各地，所向无敌。

当晚两人舌剑唇枪，但态度从容，令人击节。辩论结束后，由 800 名现场观众当场表决；380 人认为李天命赢，190 人认为韩那赢，140 人认为平手。当然，如果辩论是在加拿大举行，表决的结果可能不同。不过，无论表决结果，胜负的意义又是如何？

3.1 语理分析

李天命是很好的演说家，曾受邀到很多场合开讲；他也曾在广播电台，参与一系列的对谈，嘉惠听众。他讨论的主题，包括爱情、名利、生死、命运、民主、文学欣赏、心理、幽默等等。他也是诗人，文采斐然。

他言辞犀利，见解独特；某些隽言咏句，发人深省。譬如，他断言："大人犯大错，小人犯小错，准时的人准时犯错。"还有，他认为："神像之所以显得特别高大，原来只因大家都俯伏在地上罢了。"不过，他所提出的这些见解，主要不是基于他的逻辑训练。他洞悉人生、一针见血的针砭，是一个智者所见（words of wisdom）；一个历经风霜、看尽人间冷暖的老人，可能会说出同样的警句。在某种意义上，这些警句是"经验方程式"的扩充和结晶；在"思考艺术"的组合里，应该是属于"艺术"的部分。要掌握他思维的核心，还是必须着眼在"思考"的部分。

李天命认为，对于人类而言，语言有非常重要的功能；如果没有语言，人类的活动乃至于文明，都将大异其趣。可是，虽然语言很重要，一般人却不太讲究。即使是受过专业训练的学者，往往也不自觉地"谋杀"语言，甚至变成语无伦次，不知所云。因此，培养独立思考的第一步，就是厘清语言。李天命所反复铺陈的，就是"语理分析"（linguistic-conceptual analysis）。

借着一些生动的例子，他指出人们常犯的毛病。首先，某一篇谈文化的文章里讲道："如果这种科学知识并不能由内在于精神病学的论述之内而加以学到解释，那样这种知识的发展就一定学着其他一些外在于论述之外的条件而加以生产出来，构成出来。"对于读者而言，这真是很吃力的一句话。李天命以此为例，认为"迷糊的言语并不反映高深的思想，迷糊的言语只反映迷糊的脑袋而已"。

其次，日常生活里，很多人遣词用字时不假思索；"以熟悉为清晰"，结果反而是语意不明，双方各有所思、没有交集。譬如，常有人正气凛然地质问："金钱重要还是朋友重要？"乍听之下，金钱和朋友这两个概念，都很熟悉、具体而明确；可是，这个问题本身，却是模糊不明。因为，金钱有多有少，朋友有点头之交，也有生死之交。和点头之交相比，大笔白花花的银子当然重要；和生死之交相比，区区之数的金钱当然不重要。因此，问题的用语很熟悉，但是问题本身却不清晰。李天命认为，类似的情形所在多有。

最后，一般人在论述时，常常前提并不成立，但是却据以论断是非。譬如，儒家认定"凡人皆性善"；一旦碰上有的人行为不很性善时，就以"既不性善，就不能称之为人"来响应。

还好，这只是阿 Q 式的响应，无伤大雅。可是，在政治的领域里，这种论述方式却往往成为斗争倾轧、整肃异己的托词。譬如，"讲闽南语就是爱台湾，不讲闽南语就是不爱台湾"；在古今中外的历史上，类似的例子屡见不鲜。

简单地说，李天命所强调的语理分析，是提醒人们在运用语言和文字时，要清晰、精确、合于逻辑。既然语言和文字都是重要的工具，工欲善其事，理当先利其器。李天命的论述，确实有振聋发聩的作用；他的语理分析，可以看成是一种"逻辑方程式"。

3.2 爱情宗教

不过，对于李天命的语理分析，也值得指出潜在的弱点。一方面，语言文字，只是思考的工具；在整个思考判断的过程里，只是一个环节。对于思考判断过程的其他环节，语理分析并没有多着墨。

以语理分析来涵盖思考，可以说是以偏概全。譬如，在插队的情境里，由认知再到思维到行为上的取舍，是一连串的步骤；语理分析所能发挥功能的部分，似乎有限。另一方面，根据"经验方程式"——传统智慧——人们知道面对情境时的自处之道。可是，语理分析的最大长处，只是指出某些使用语言文字时的谬误；对于处理实质的决策问题，"逻辑方程式"却无济于事。社会科学里，理论的作用，是对于社会现象，能解释、预测和指点迷津；在这三方面，语理分析的功能并不明显。

不过，在《李天命的思考艺术》这本书里，却有一部分和语理分析无关，但是对思考问题大有帮助；特别是在一般人的生活经验里，有实质的帮助。书中有几篇是媒体访问李天命的记录，其中之一，李天命谈到他的爱情观。

他表示，爱情可以是一种宗教，而他是这种宗教的信徒。他认为："人生最大的意义，就是在于寻得真爱……这种爱情价值是自足的，而且胜过天上人间一切事物的价值。为了这种爱情，金钱、权力、名位等都可以放弃……总括言之，爱情教徒既可以为了爱而死，同时也是为了爱而活。"因此，对他而言，"生命诚可贵，自由价更高，若为爱情故，一切皆可抛"。

在他的眼里，宗教是一种"终极信仰"，而爱情就是这个终极信仰的内涵。也就是爱情是决定行为的最高指导原则；一切行为举止，都可以爱情为取舍的依据。譬如，在插队的事例里，如果有一个爱情宗教的信徒在场，他会自问：自己怎么做，才会在"爱情"的量尺上，得到较高的刻度？如果出面干预有助于增添爱情，那么即使干预的后果是自取其辱，被插队的彪形大汉羞辱嘲弄而别人袖手旁观，还是在所不惜。因为，爱情是最重要的价值，其余的都相形见绌、等而下之。

这时候，爱情至上，就像"顾客永远是对的"，能简化思维过程，有助于面对生活里的各种情境。和语理分析相比，李天命的爱情宗教有更广泛而实际的应用范围；不过，这时候爱情至上不再是逻辑方程式，而比较接近经验方程式。

4. 第三部曲：行为理论

当经济学者向其他领域扩充时，他们发展出很多新兴的领域：家庭经济学，休闲经济学，新政治经济学，宗教经济学，法律经济学，等等。经济学者经常朗朗上口，能在这些陌生的园地里耕耘甚至开花结果，是因为他们有一套强而有力的"行为理论"（a behavioral theory）。可是，什么是行为理论呢？利用插队的例子，也许可以阐明行为理论的基本内涵。

4.1 插队的故事

电影院前，一长串的人排队买票，准备进场看《哈利·波特》。由旁观者的角度来看，这也是一个小的体系：组成分子，主要是排队的人和卖票的人以及后来插队的人；游戏规则，是大家循序渐进，依次到窗口买票；主要的价值，是各取所需，影迷买得到票，戏院能卖票赚钱。这个场景，由图9-1来表现。

对插队的人而言，他大概会先环顾四周，先看看有没有警察在场；然后，再看看由哪一点下手，最没有阻力。因此，在决定自己的行为时，他会权衡取舍。对排队的人来说，一旦有人插队，表示有人破坏了游戏规则；对于这个违规者，其他人会怎么自处呢？

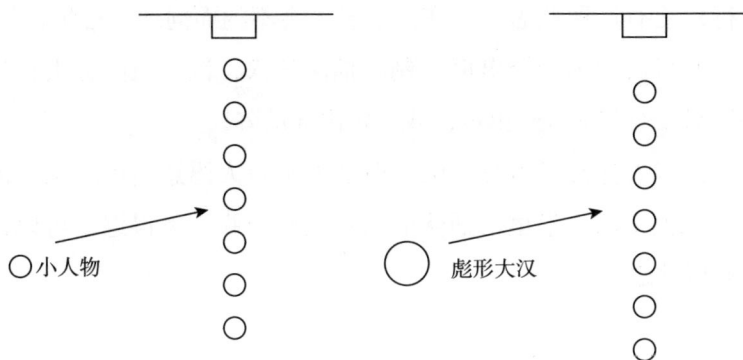

图 9-1　有人插队

　　如果插队的人身材瘦小，很可能立刻有好几个人出声喝止；可是，如果插队的人满脸横肉，身强体壮，情况就大不相同。这时候，队伍里不同位置的人，会有不同的考虑。已经靠近窗口的人，权益不受影响；既然事不关己，何必自找麻烦？对于排在队伍后面的人，反正要等很久，多一个人插队，只有一点影响；因此，很可能就息事宁人，姑息了事。被插队附近的人，权益直接受到影响；而且，受影响的权益，不止一种。

　　一方面，前面多了一个人，买票的权益受到伤害；另一方面，在自己的眼前插队，是对自己人格尊严的侵犯；自我形象固然受伤，同时也是在众人面前丢面子。如果自己出声制止插队，等于是成为"不戴警徽的警察"，替所有排队的人讨回公道；可是，虽然所有的人可能因此而受惠，自己却要承担所有的代价。万一插队的彪形大汉亮出家伙儿或出拳相向，结果自己变成"烈士"。尤其是，如果自己身材不高、拳头不大或者和妇孺同行，更有这种顾虑。也许，很多人会不约而同地在心里盘算：我不愿意成为第一个出声、制止插队的人，因为风险太大；但是，只要有其他人一出声，我一定出面助阵。

很多人都愿意当第二位，但是很少有人愿意当第一位。因此，在很多的情形里，插队的人在众目睽睽之下得逞，可以说是有以致之。

4.2 行为理论

插队的故事里，各个人的考虑不尽相同；但是，抽象来看，每个人都是根据自己的利害得失而作出取舍。如果有人挺身而出主持公道，也是基于他自己所在乎的价值。因此，表面上的斟酌虽然不同，其实蕴含着共同的思维。行为理论，就是由各种不同的行为里，归纳出行为的共同性、规律性。具体而言，行为理论有两点特色。

首先，在描述和分析人们的行为时，行为理论是就事论事；探讨实际的行为，而不是论证行为应该如何。也就是，行为理论的着眼点，是事实（is）而不是规范（should be）。如果由人们的实际行为里，可以归纳出"人通常是自私自利的"，那么，行为理论不会论证"人们应该不要自私自利"。人们的行为应该如何，是道德家、宗教家的呼吁，不是社会科学家关心的重点。

当然，这并不表示，社会科学家只是冷眼冷血旁观、事不关己的陌生人；对于社会现象，社会科学家的基本态度，是先描述"是什么"，再探讨"为什么"；在完成了这两步之后，再小心斟酌"该如何"。

146

其次，行为理论的特色，是能够异中求同、以简驭繁。由不同的行为、不同的社会现象里，归纳出共同的规律性。然后，再利用这些规律性，去解释和预测其他的行为和社会现象。譬如，插队的这种结构，事实上也反映在其他的一些现象里。大街上，光天化日之下，有人抢走别人的皮包；可是，虽然大家都看到听到，却都袖手旁观。在公司或机关里，大家也都知道有些人违法逾矩；可是，大家都心知肚明，却没有人愿意出面揭发。街坊邻居，往往都知道附近的某个行号是路霸，占用公有地或骑楼；可是，大家都心照不宣，免得彼此伤了和气，影响敦亲睦邻。

不同的社会现象，往往隐含共同的行为模式，也就是呈现了行为上的规律性。行为理论，就是希望能化繁为简，再以简驭繁；希望能找出普遍成立的"行为方程式"，再以行为方程式作为思考取舍的依据。

5. 三种乐章之比

第一部曲，是传统智慧蕴含的"经验方程式"；第二部曲，是李天命思考艺术所强调的"逻辑方程式"；第三部曲，是经济分析所自诩的"行为方程式"。在这三种方程式之间，各有哪些优劣短长呢？琢磨这个问题之前，不妨由生活里找一些相关的参考坐标。

一个稳定少变的社会里——农业社会里的小村落——世世代代面临同样的春夏秋冬、生老病死、天灾人祸；由这些经验里所归纳出的传统智慧，足以应付生活里的大小环节。父传子，子传孙，千百年来，可能历久弥新。只要遵循传统智慧，就可以处理生命中的各种考验；即使是知其然而不知其所以然，也无关宏旨。因为大家都面临类似的问题，也都依赖同样的参考坐标，所以好尚相近、众议佥同。

但是，在一个变动不居的环境里，新生事物不断涌现；传统智慧，已经不敷所需，而且经常捉襟见肘。譬如，当"安土重迁"不再成立时，迁与不迁之间如何取舍？当"姜是老的辣"在信息时代不再屡试不爽时，老姜和嫩姜之间如何斟酌？事实上，现代新兴社会里，出现了许多大师、上人、活佛、居士，成为人们托付仰仗、指引开示的明灯；正反映了当传统智慧有时而穷之后，人们只好寻求代替方案，取代传统智慧而成为新的参考坐标。

另一方面，李天命的语理分析（逻辑方程式），提醒人们要善用语言文字这种工具；但是，对于处理实质的问题，语理分析的帮助其实有限。不过，李天命所主张的爱情宗教，却有相当的参考价值。只要认定一种价值（爱情、家庭、事业、健康、美貌……）作为最高指导原则，就可以让思维判断的过程大幅度地简化。

这种思维方式，也有一以贯之的特性。而且，在不同的领域里，也经常有类似的主张。譬如，科维（Stephen Covey）的《高效能人士的七个习惯》（*Seven Habits of Highly Effective*

People）是畅销全球的一本书；出版以来，这本书的各种译本已经销售一千万册以上。科维的七要素里，有一项是"结果决定法"（Begin with the end in mind）：每一个人可以自问，在自己的丧礼上，希望朋友和亲人怎么描述自己？"他是个重视家庭的人""他是个成功的企业家""他是个对自己诚实的人""他是好的学者"……然后，想怎么收获，先那样栽。希望有哪一种结果，就以那种结果为最高指导原则；生命中的重要决策，就依据最高指导原则来取舍。

以这种思维方式作为安身立命的依据，确实有一以贯之的特色。但是，这种思维方式的潜在缺失，主要有两点。首先，生活里，往往要面对大大小小、各式各样的情境，很多情况都和终极价值（爱情或其他）没有直接的关联。要勉强作联系，可能反而要耗费许多心力时间。譬如，中午到工作地点附近吃饭，到哪一家餐馆饭馆去呢？或者，自己想增强英文能力，是上补习班好呢，还是自力更生？这些都是生活里实际的问题，需要思维判断；可是，和终极价值（爱情）之间的关联，却不一定直截了当。

其次，判断取舍之前，需要解读眼前的情境，也需要知道自己的行为会带来哪些后果。譬如，中午找地方吃饭，看到有些饭馆里高朋满座，外面还排了一长串的人；有的餐厅里小猫两三只，门可罗雀。这两种景象，各有不同的含义：人多的地方东西好吃或是价廉，而人少的地方东西不特别美味或是较贵；一种地方人声嘈杂还要花时间排队，另一种地方安静又省时间。在解读眼前的景象之后，才能斟酌取舍、自求多福。而这个思维的过程，就包含了"解释、预测、指点迷津"这三个部分。理论的作用，就是能使这三部分做得比较好。可是，以终极价值（爱情）指导行为，在解释、预测、指点迷津这三方面，却往往不能论述有据、自圆其说。譬如，到底自己去人多的餐馆还是人少的饭馆，比较能提升爱情的刻度？

相形之下，行为理论的特色，是不预设立场；不接受也不排斥传统智慧，不否定也不独尊特定的终极价值。由人的实际行为和社会现象中，归纳提炼出行为方程式。然后，再利用这些方程式去解读社会现象，判断取舍、自求多福。

老王卖瓜、自卖自夸（这是一个小的传统智慧，也是一个小的行为方程式）。经济学往外扩充，进入社会法律政治，乃至于休闲家庭宗教，等等；这个发展趋势本身，就反映了行为理论广泛的应用范围。

6. 结语

尼采的观点"没有事实，只有诠释"，可以有很多不同的诠释；不过，即使不深究，他的观点也很有启发性。

对于同一个社会现象，不同的学派往往会有不同的解释；过去有儒家、道家、法家等，现在则有社会学、政治学、经济学等。接受不同学派的立场，就像戴上不同的眼镜。那么，戴哪一副眼镜比较好呢？百货公司里，每一种产品，通常有好几种品牌。电视音响冷气固然如此，皮带鞋子文具，也不例外。如果买冷气冰箱时，值得比较不同的品牌，选择对自己最合适的；那么，对于无时无刻都会运用的思考方式，是不是也该精挑细选呢？

这一章里，呈现了三种思考的参考坐标，并且强调经济学行为理论的优越性。毕竟，即使是"没有事实，只有诠释"，在诸多诠释里，也有比较好的诠释，不是吗？

参考文献

Arnold，Roger A.，*How to Think Like an Economist*，Boston: Thomson Learning，2004.

Boettke，Peter J.，Prychitko，David L.，and Heyne，Paul L.，*The Economic Way of Thinking*，13th edition，London: Pearson Education Limited，2013.

Covey，Stephen，*The Seven Habits of Highly Effective People*，2005.

李天命：《李天命的思考艺术》（最终定本），香港明报出版社 2009 年版。

第十章　经济学对《金刚经》的阐释

1. 前言

自 1960 年开始，经济学出现了两种重要的发展：一方面，经济学者把经济学的分析方法运用在传统上属于法律、政治、社会等学科范围的问题上，而且得到了丰硕的成果；另一方面，经济学者也发展出新的分析性概念，如"交易成本"（transaction cost）、"信息与诱因"（information and incentives）等，不但丰富了经济学的内涵，并且使经济学者对社会现象的分析更为深入。当然，这两方面的发展彼此影响，使经济学在广度和深度上都迥异于往昔。

本章就是在这种背景之下的产物；具体而言，本章希望从经济学的角度阐释《金刚经》。这么做有几点理由：首先，以经济学的分析工具探讨经济活动之外其他的人文现象，都已有璀璨的成果；把经济学的分析架构用来分析宗教（典籍），似乎也是自然而然的发展。其次，经济学隐含一套特别的世界观（或价值观，或看事情的方法），而佛教思想反映在经典上，也代表一种世界观；如果能在两者之间找到交集，或形成并集，等于是为两者都找到了额外的参考点。对于两种世界观而言，或许都能增添新的体会。最后，佛教是世界上的主要宗教之一，影响千千万万人的生活和行为，而《金刚经》是佛教中重要的经典之一；因此，任何社会科学都值得根据本身的分析架构，对这部重要的经典提出盲人摸象式的阐释，以作为社会科学和宗教之间沟通或联结的桥梁。

为了达到由经济学阐释《金刚经》的目标，本章将循序渐进；不过，在开始进行以下的论述之前，需要先说明本章在先天上的一些限制。

第一，关于《金刚经》本身，因为是由梵文翻译而来，所以先天上已经可能与原经文（梵文）稍有出入。而对于文言文的阐释，又可能造成某种程度的失真。此外，历来对《金刚经》虽然有许多注释，不过绝大部分是由佛教徒或接受《金刚经》教义的人所撰述，而且彼此对经文解释的观点有不小的歧异。因此，本章由社会科学（特别是经济学）角度对《金刚经》价值观的总结，可能和目前的论著有相当的差距。

第二，经济学是现代社会科学的一环，其包含社会科学研究者所共同接受的基本分析架构和所共同关切的主题。相形之下，佛教反映在《金刚经》上，就性质和关切主题而言，可能是一种借着肉体上的修行而体会领悟的（存于个人的）世界观；因此，经济学和《金刚经》之间在性质上可能有不小的距离。

也就是说，对经济学的了解，可能是需要"智识"（intellectual）上的能力；而对金刚经的了解，可能还牵涉"心智"和"生理"（mental as well as physiology）上的活动。

第三，在佛教里（《金刚经》当然不例外），往往有相当的成分是无法用一般所承认或接受的现代科学来验证；例如，前世、来生、地狱等概念。这些概念和相关的论述，必然和经济学（及其他社会科学）所愿意接受的格格不入；因此，类似的论点将不在本章的研究范围之内。

2. 经济学概要

在众多经济学的分析概念中，本章将以"成本"（cost）、"价格和价值"（price and values）、"相对"（relativity）作为核心，并且扼要地稍作阐释。

2.1 成本

不论是一个人、一个家庭、一个小区、一个社会，乃至于国际社会，都会不断地面临资源运用上如何取舍的问题。只要资源有一种以上的使用途径，当事人（人或家庭）马上会面对"机会成本"（opportunity cost）的斟酌：如果选择 A 项用途而不是 B 项途，则一方面享受了 A 所得到的好处，但同时也要承担 A 的缺失；另一方面，选了 A 就得不到 B 的好处，但同时也避免了 B 的潜在缺失。因此，当事人就值得在各种可能的取舍之间仔细地斟酌评估，然后选择某一种最能增进自己福祉的方式来运用资源。

2.2 价格和价值

成本指的当然不限于金钱上的成本；选择经济发展所丧失的自然景观，很难以金钱来衡量，而往往是以美、祥和、生态均衡等非金钱的价值作为对照。显然，在以金钱衡量的价格，和以美丑善恶、是非对错等衡量的价值之间，会不可避免地发生冲突而必须有所取舍。可是，价格事实上是众多价值之一。不论是价格或价值，在本质上都是一种高下之比：价格是由 0、1、2……来衡量，而价值是以最丑、很丑、有点丑、不丑不美、有点美……来衡量。因此，价格和价值都是一道道的"光谱"（spectrum）；光谱之内和光谱之间无穷多的点，就反映了人所面对的取舍问题。

2.3 相对

不论是成本或价格和价值，背后都隐含了"相对"的概念。相对的意义可以从几个方面来阐释：首先，"相对"意味着在人的认知上有两件或多件事物，而不是只有单一的一项事物。其次，"相对"表示一件事物的意义是由其他的事物所衬托而出；石头的意义是由诸多非石头的东西所衬托而出，歌王的歌喉是由其他许多非歌王的嗓音所衬托而出。再次，"相对"是行为的基础，如果所有的事物都相同，则行为变得毫无意义可言；只有当不同事物之间的意义有相对上的差别时，行为取舍才有分析上的意义。最后，"相对"的意义，当然还是归之于当事人主观的认定。对某些人来说，"升迁"与"家庭"可能是南辕北辙的两回事；但是，对另外一些人而言，却可能在相对上毫无差别。

2.4 一加一大于二？

除了以上所描述的几个核心的分析性概念之外，经济学的另一个重点是评估资源运用状态所采取的指标。为了便于凸显资源运用在长期所呈现的现象，可以很简单地以"一加一是否大于二"作为评估的指标。这个指标的内涵值得稍作澄清。首先，传统经济学关心的主题是资源运用的效率，而且是针对人际之间资源运用的探讨。（鲁滨孙一人世界里的资源运用问题固然有趣，可是过于单调，对于了解现代经济社会帮助不大）。其次，在某一个特定的时点上，根据当时的技术水准、制度条件、消费者偏好，当然可以考虑资源运用是否已达到有效率的状态。不过，这是在这个时点上，在"其他条件不变"下的考虑；一旦把时间拉长，所有这些"其他条件"都会发生变迁。因此，为了能挣脱特定时空条件的局限，并且反映经济学对社会整体在"长期"表现的关注，就值得由宏观的角度来设定评估指标。最后，同时也是最重要的一点：前面已经清楚地指出，价格只是众多的价值之一；经济学探讨的不只是价格体系，而是更广泛的价值体系。因此，在设定评估的指标时，必须避免狭隘的、以物质条件为焦点的指标；所选用的指标必须能抽象地反映价值体系所呈现的状况。

基于这几点考虑，本章采取"一加一大于二"作为评估资源运用状态的指标。"一加一大于二"显然主要不是关于鲁滨孙式的个人，而市场交易中，买卖双方能够互蒙其利才符合"一加一大于二"的指标；一个社会在长期是否能发展出适当的典章制度和意识形态（思想观念），使社会走向物质的"国富"或其他价值上的"国富"，当然也可以以"一加一是否大于二"来评估。

3.《金刚经》要旨

在归纳说明《金刚经》内容的要旨之前，值得把《金刚经》的背景略作交代。《金刚经》完成的时间是在公元前五世纪前后，中文译本全长 5000 多字。就佛教的众多经典而言，《金刚经》的地位相当重要。而且，因为简短而易于诵读，在华人的佛教圈内广为流传。就体裁而言，《金刚经》是记载如来佛和高僧须菩提之间的对话。

就内容而言，须菩提念兹在兹、重复提出的问题是："如来佛，如果世间一般善男信女发于至诚，兴起追求至高无上、至正不倚智慧的佛心，那么，心该何住？又该如何降伏其心？"针对这个问题，如来佛利用许多譬喻，又从许多层次来回答。不过，就本章所关切的重点而言，贯穿须菩提和如来佛问答的两个重点是"离相无住"和"不住相布施"。"离相无住"和"不住相布施"，是归纳《金刚经》不同的经文所得到的总结性名词。"离相"的文字见于"离一切诸相，则名诸佛""菩萨应离一切相，发阿耨多罗三藐三菩提心"等处。"无住"的文字见于"菩萨于法应无所住""应无所住而生其心"等处。"不住相布施"的文字见于"菩萨应如是布施，不住于相""若菩萨不住相布施，其福德不可思量"等处。

3.1 离相无住

就字面的意义来看，"离相无住"是一种规范性的教诲。人（或有佛心的人）应该不为眼前的现象（表象）所迷惑，而应该由表象上抽离；在心境上，也不应该执着于任何情怀，而应该无所住（无所属）。当然，在表面上规范性的意义之下，隐含着某种推论的过程。首先，"离相无住"牵涉两个主体，客观的"相"和主观的"住"；"相"主要是指人对外在现象的认知，而"住"则意味着人在主观价值上的取舍。其次，"相"和"住"含有一种主观和客观的互动过程：人根据自己的主观价值认知外在（客观）的现象，而人的主观价值当然也会在长期的互动中受到外在现象的影响。因此，"相"和"住"是牵涉彼此互动、相互影响的两个概念。再次，既然人对外在事物的认知是一连串的环节：外在事物的景象（影像）先进入人的感官（包括视味嗅听触觉），人再从记忆中唤起类似的相关材料；而后，以唤起材料作为参考的坐标，再根据这个坐标赋予眼前事物某种意义；最后，是根据所赋予的意义，采取行为上的因应。因此，外在事物的意义是人所赋予的，而不是客观存在的；换句话说，"相"的意义是人所赋予的，反映了个人和社会（由众多的个人所组成）的历史和经验，以及特定的时空条件。既然事物的意义是人所赋予的，另外一种描述的方式显然就是事物本身的意义是空洞的；如果事物本身的意义是空洞的，人又何必为空洞的事物而有喜怒哀乐的情绪起伏；如果人能体会到事物意义的人为性和条件性，人自然可以而且应该挣脱所有人为赋予的时空条件，而达到"离相"。一旦客观的事物失却了世俗所赋予的意义，人在主观的价值上（有相当的基础是来自客观的事物）自然没有执着的必要。因此，"离相"之后，自然可以而且应该"无住"。

3.2 不住相布施

如果说"离相无住"是《金刚经》中关于个人本身举止的启迪，那么"不住相布施"就可以说是《金刚经》里关于个人和他人关系的教诲。就字面的意义而言，"不住相布施"可以从两方面来看："布施"和"不住相"。"不住相"的意义已在前面说明，"布施"的意义是指个人对其他人的施舍给予。因此，"不住相布施"表面的意义是指发佛心的人，除了本身离相无住之外，还对其他人施舍；不过，是一种不执着于表相的施舍，是不以施舍为施舍的施舍。当然，在字面的意义之外，"不住相布施"还隐含了几层意义。

第一，如来佛认为，发佛心求智慧的善男信女，除了自己要能离相无住之外，还必须对其他人负责。这种责任的性质可以纯粹是道德情操上的——先灭度自己而后灭度他人；也可以是因果关系式的——尽到对他人的责任，则福德无限。

第二，对他人的责任是以"布施"的概念来反映。布施，指的当然不限于金钱物质上的付出给予，还包括更广义的以佛经教义来教化其他人。

第三，"不住相布施"是指心情上（已经）能超脱世俗的表象；因此，虽然在行为上是在布施，在心境上却是能说服自己，自己并不是在布施。这当然意味着一种过程和境界：自己先能达到离相无住的情怀；对于自己之外的人（特别是那些比自己差、需要物质或心灵上济助的人）能付出给予；在进行"给予"这个行为的同时，还能以理智说服自己，自己并不是在施舍，因此也不应该有骄奢自矜的心情。

第四，"布施"的概念和"离相无住"的体会并不冲突；离相无住是一种对外在事物的认知，以及内在心情的自我拿捏，离相无住是如来佛所认为的一种"正确"的世界观或人生观。因此，虽然其他人的物质或精神状态也是"相"的一部分，自己有责任使其他人也能达到自己所达到的境界。自己透过"布施"，使自己之外的其他人也能到达离相无住的境界。而"不住相"就是自己在从事布施的同时，保持在"离相无住"的状态中。

第五，"布施"的主客体其实同时是"施"和"受"的双方：当一个人施与另外一个人一笔钱财时，他同时接受了另外那个人所给予他的东西——另外那个人给他"完成施与"或"接受好意"这种抽象的东西。无论如何，当一个人在付出时，他同时也在接受。因为事物表象的意义是条件式的，是时空条件所衬托的，因此，到底是自己给予别人的多，或从别人那里得到的多，并不明确。既然如此，自己更没有理由自矜自是，也就更有理由以离相无住的心情来布施——不住相布施。在进行以下论述之前，有两点必须再作澄清。首先，"离相无住"和"不住相布施"是本章认为足以反映《金刚经》的价值观，但显然不一定是众议金同的看法。其次，《金刚经》"离相无住"和"不住相布施"这两个观点，究竟是规范式的教诲或实证式的描述分析，显然是相当有趣而且很重要的问题；关于这一点，将在下面的论述中深入处理。

4. 经济学对《金刚经》的阐释

由经济学的角度来认知并阐释《金刚经》（或由《金刚经》的角度认知并阐释经济学），等于是由一种价值体系来解读另一种价值体系。在衬托和对照之下，不仅能凸显彼此的歧异，或许更能凝聚出这两种价值中，足以影响众多人生活的共同价值。前面曾经以"成本""价格和价值""相对"以及"一加一大于二"等四个概念反映经济学的精神；以下就从这四个概念分别来阐释《金刚经》的"离相无住"和"不住相布施"以及其他的内涵。

4.1 成本

"成本"主要是反映当资源有多种可能的用途时，选择其中之一而放弃其余所隐含的价值。就《金刚经》的内容而言，可以在两个层次上考虑"成本"的问题。第一个层次是明显的、具体的成本；在这层意义上，不但"离相无住"和"不住相布施"不含有任何成本的概念，《金刚经》其余的内容也没有明显的关于成本的蛛丝马迹。在第二个层次上，当"成本"的概念是由较抽象的角度来解释时，"离相无住"和"不住相布施"事实上包含了丰富而有趣的含义。

首先，当一个人在因应他所面对的环境时，会由学习和经验中慢慢形成一些"行为规则"（rules of behavior）。而操作这些行为规则的，就是脑海里的价值结构（或称为意识形态）。人在因应环境以求增进自己的福祉时，会有意无意地采取（自己认为）成本低效益高的行为；同样的，在维持抽象的价值观时，也会琢磨出（对自己而言）成本低效益高的行为规则。如果"离相无住"和"不住相布施"能提供一种成本较低效益较高的行为规则，自然有可能被接受而成为能指导行为规则的价值观。既然"离相无住"和"不住相布施"一方面隐含了放弃对事物表象的执着，另一方面又能追求（个人的）福报；以这种观点作为最崇高绝对的参考坐标和指导原则，当然也就是一种成本低效益高的价值观。

其次，人在生命中要面对不可避免的生老病死，要经历无从忽略的苦痛哀伤；因此，如果有一种价值观不但超越这些困顿，而且能得到心灵的平静和福德，不是一种成本低而效益高的价值观吗？"离相无住"和"不住相布施"事实上就提供了这种可能性；只要在观念上能说服自己，接受"离相无住"和"不住相布施"的观点，当然是增进自己福祉的自利行为。

最后，更抽象来看，"离相无住"和"不住相布施"的观念隐含着一方面挣脱了一般世俗的价值结构，另一方面又提供了一个绝对的参考坐标（追求福德）。因此，这等于是过滤掉所有大大小小、各式各样的价值，而以一个单一的价值作为参考点；维持这种价值观的成本，可能要比维持一般世俗价值观的成本更低。对于那些能接受"离相无住"和"不住相布施"的人而言，他们在面对事物且因应取舍时的行为成本可能要低于一般人。

4.2 价格和价值

前面曾经指出，价格是众多价值之一，而所有的价值都是一种高下大小的排序比较。在《金刚经》里，充满了关于价值的讨论。首先，《金刚经》是如来佛对于须菩提"心该何住？如何降伏其心？"所作的答复，如来佛指点迷津的正确答案本身就反映了一种价值的相对位阶——如来佛指出了一条"较好"的途径。其次，《金刚经》里明确地以"福德"的多少来评估比较不同的做法，这显然是在众多价值中标出"福德"这种价值的崇高地位，再以福德多少作为引领修持的指标。再次，"离相无住"和"不住相布施"的概念可以说分别指出了个人在自我修为上和在对他人态度上的最高指导原则；这当然隐含一种价值观上的取舍。最后，就如同一般人对佛教的认知，《金刚经》并不着重物质上的多寡，而是强调抽象的价值（福德）。也就是说，价格所衡量的价值是位阶较低的价值。因此《金刚经》中多次贬抑以物质来描述比拟的价值，而强调（不住相）布施所带来的"福德"这种价值。

4.3 相对

"相对"的概念反映了主观价值和客观价值的结构，也隐含了主观价值和客观价值之间的对应关系。《金刚经》的"离相无住"和"不住相布施"，都可以由相对的角度加以阐释。

由"相对"的角度来看，人的所有行为，都是因为在认知和赋予意义上有着"相对差别"所引发的。既然认知和赋予意义的主体都是人，因此所赋予的意义当然也就隐含了时空条件的影响。只要能体会到这一点，自然能领略所有事物的"表象"在某种意义上都是条件式的、相对的。那么，对外在环境能"离相"，在内在的自我修持上也就可以"无住"。

以上这段推论，可以借由一个想象的例子来反映：在西式自助餐的台面上，有上百种各式各样的餐点；如果一个人经过认知和赋予意义这个过程之后，认为所有的餐点都是"一样的"，那么，他的行为所含有的意义将极为有限，可能并不值得分析。这表示，如果没有"相对"上的差别，一般所了解的"行为"将失去意义。"离相无住"的意义，就在于经由对事物表象的洞悉而在主观上说服自己，使自己认为餐台上的各式餐点都是一样的。由"相对"来解读"不住相布施"，也可以有许多层含义。和"离相无住"相比，"不住相布施"显然是对于自己该如何对待别人的教诲。如果《金刚经》所强调的最高价值只是自度，那么"离相无住"已是登峰造极。不过，经中的对话一再显示，如来佛事实上是把"不住相布施"放在比"离相无住"更高的位阶上；而且，就次序上的先后而言，当然是已经达到"离相无住"的境界之后，才可能会"不住相布施"。

由此可见，从"相对"的角度着眼，"不住相布施"所隐含的福德是相对高于"离相无住"的福德的。其次，布施本身，当然意味着自己的行为（对别人的施舍给予）会对接受施与的人造成正面的影响。而且，这种正面的影响不只是由布施者的角度来看是如此，由受施者的角度来看也必须如此；否则，如果只有前者成立而后者不成立，显然就成了"自以为是"甚至是"自己快乐别人痛苦"，这当然违反不执着的"无住"。因此，布施必须是在客观上能增进受施者的福祉。

在这种解释之下，要能达到"不住相布施"的境界，明显地包含了几个要件：第一，布施的结果（必须）是客观上对受施者有利的；第二，布施者本身（必须）能判断，以客观的尺度来衡量，他自己的行为是否会增进受施者的福祉；第三，布施者在意识和心情上能保持"不住相"的境界。这三个条件的背后，又隐含了另外一些条件：布施者由他过去的活动中，已经累积了足够的经验，因此能认知、分辨、判断关于各种（布施）行为对相关的人而言所隐含的利弊得失；而且，他还持续地增添自己脑海里的数据库，以保持与时俱进的状态。此外，当他在布施时（不论是给予实物或宣扬教义），他必须同时一方面知道布施对受施者有利，另一方面保持不住相的心情。因为这两者在观念上是彼此冲突的，所以必须把这两个概念放在不同的层次上：在"入相"布施的同时，能说服自己不住相于布施。也就是说，"不住相布施"包含了两个层次，较低的（入相）布施和较高的"以不住相来认知布施"。这事实上也就是为什么《金刚经》会把"离相无住"放在较低的层次（福德较少），而把"不住相布施"放在较高的层次（福德较多）。

以上对"不住相布施"的阐释，事实上都是由"相对"的角度来论述："布施"在主观和客观上的相对意义，（住相）布施的行为相对于不住相的心情，以及"不住相布施"相对于"离相无住"的层次；因此，由"相对"的角度来阐释《金刚经》，可以说是直指核心而得其精髓。

4.4 一加一大于二？

"一加一是否大于二"是经济学对人际之间资源运用结果的评估方式；除了用来评估狭义的经济活动之外，当然也适用于评估广义的人类其他活动。无论是狭义或广义的解释，"一加一大于二"隐含了资源（价值）的衍生和累积。以这种观点来解读《金刚经》的"离相无住"和"不住相布施"，需要经过论述上的几点转折。

就粗浅的层次来看，第一，既然"一加一大于二"是对人际之间互动情形的考虑，而"离相无住"概念是针对个人，因此，"一加一大于二"的重点是在"不住相布施"上。第二，"不住相布施"是一个人对其他人的行为产生正面的影响，而对本身又有福德上的增添；这显然是符合"一加一大于二"的指标。不过，和经济学一般所分析的双方互动行为相比，"不住

166

相布施"强调的是个人单方面地对其他人采取某种作为。第三，前面曾经解释过，"布施"不只是指物质金钱上的施与，而是包括非物质的、佛法教义上的启迪。因此，无论布施的内容和方式如何，都能产生"一加一大于二"的结果。

就较复杂抽象的层次来看，经济学的"一加一大于二"和《金刚经》的"不住相布施"之间有一点微妙但是却很重要的差别。经济学的"一加一大于二"其实隐含了两层意义：就静态的意义而言，在这一次互动的结果上，双方均蒙其利；就动态的意义而言，个别"一加一大于二"现象的累积，会衍生出更多的（正面）价值。因此，社会所享有的资源会愈来愈多。反映在狭义的经济活动上，就是整个社会的财富会愈来愈多。而且，这个衍生累积的过程还意味着活动内容的精致化和层级化。持续"一加一大于二"的结果，是社会资源（或价值）不但在横的基础上愈来愈广，在纵的层级上也愈来愈厚。

相形之下，《金刚经》"不住相布施"的含义要模糊得多。首先，就观念上来说，一旦"离相无住"之后，个人"布施"所追求的只是福德的多少。既然浅薄的布施是物质金钱，深厚的布施是宣扬教化、灭度众生，因此，"不住相布施"显然意味着个人不会从事一般所认知的"生产性"活动。社会的福德可能也会增加；但是，除此之外，社会资源（价值）不会有加深、加厚的现象。当然，因为在真实世界里，还不曾出现过由已经达到"离相无住"和"不住相布施"的个人所组成的社会，所以这个论点无法在实证上加以验证。

其次，经济活动所导致"一加一大于二"的结果，是社会有形的资源愈来愈多；这包括以金钱的形式所呈现的资源，其他的物质，以及由物质条件所支持的其他价值（如艺术、文学、音乐等）。相形之下，"不住相布施"所带来的福德，是布施者主观上的感受，而不是在客观上可以认定或衡量的。因此，"不住相布施"虽然也具有"一加一大于二"的性质，却没有形之于外的表现。不过，如果"不住相布施"确实不会产生资源（价值）加深、加厚的现象，也并不隐含这种状态是较差、较粗糙或较原始。

虽然"一加一大于二"通常意味着资源日趋深厚的过程，不过，这已经隐含了另外一种价值（加深加厚）。既然《金刚经》里最崇高的价值就是福德，因此，"不住相布施"所带来的福德，在价值上当然凌驾于"资源加深加厚"的价值。从已达到"离相无住"和"不住相布施"的人们所组成的社会里，物质和其他（如科技）条件可能不够繁复精致，可是却有丰饶的福德。而根据《金刚经》的指针，福德是最高层次的价值。

5. 延伸问题的讨论

在分析完经济学对《金刚经》内容的阐释之后，有几点相关的考虑值得略提。这些问题的讨论，都是超出前文对于《金刚经》内容的阐释，而在另一个层次上斟酌《金刚经》的含义。

168

5.1 "离相"的"相"？

第一，是关于"离相无住"和"不住相布施"的概念本身，是不是一种执着、一种"住"的问题；这个问题值得层层剖析。第一，根据《金刚经》，相对于"着（入）相有住"，"离相无住"当然是属于较高的境界；而"不住相布施"又是基于"离相无住"的基础，显然是比"离相无住"的境界为高。可是，"不住相布施"的目的是"福德甚多"；因此，最终的目标还是在追求自己的福德。以经济学的术语来说，服膺《金刚经》教诲的人，也是在追求自己的"效用"（utility）；只不过这种效用和一般生活里牛奶面包所带来的效用在性质上不太一样。

第二，"离相无住"和"不住相布施"隐含了一种高下相对的层级，也隐含着对福德（一种抽象的价值）的追求。因此，接受"离相无住"和"不住相布施"这两个概念，等于接受了这两个概念所蕴含的价值；而接受了某种价值，也就等于着了某种抽象的"相"——着相有住。当然，这种"着相有住"和一般世俗的"着相有住"有相当大的差别；无论在一个人内在的心情思维或外在的行为表现上，都可能迥然不同。

第三，延续第二点，追求"离相无住"和"不住相布施"，也就是在追求一种价值，而对价值的追求就是一种执着、一种着相、一种"住"。事实上，除非像前面所描述的，对自助餐台上的所有餐点都一视同仁，能完完全全地无可无不可；否则，只要在观念上有任何的"差别"（"相对"的概念），因而有所取舍，就一定有"住"的问题。这个观点其实很容易论证；以"离相无住"为例，以"着相有住"和"离相无住"这两个概念

169

为端点，可以界定出一道宽广的光谱。在光谱的两个极端之间有无穷多的点，代表着不同程度的"离相无住"。因此，由一般世俗大众的"着相有住"，进展到完完全全的"离相无住"是一个过程，而这个过程本身就反映了对"离相无住"这个目标的追求（执着、住）。一旦达到了完全的"离相无住"，就转变成对"离相无住"这种状态的执着——另一种"住"。

5.2 价值观的性质

关于"离相无住"和"不住相布施"这种价值观的性质。前面已经指出，《金刚经》的这两个概念也隐含了"相对"的内涵：和一般世俗大众绵密复杂的价值观相比，这两个概念所反映的价值观在结构上非常简单——放弃对所有事物表象上的执着，以不住相的心情来布施。这是因为所有事物的意义都是由人所赋予的，是条件式的，也就是相对的；而相对于其他的作为，布施的福德甚多，因此值得追求。不过，"相对"的意义还可以进一步发挥。

人在认知、辨认、思维、赋予意义这些行为上的能力，显然和一个人所处的环境与成长学习的经验有关；因此，要能体会并接受"离相无住"和"不住相布施"的内涵，必然需要某种基本的生活经验和心智慧力。也就是说，对"离相无住"和"不住相布施"的体认不可能凭空而来，而必须有某种条件作为基础；或者，再换一种说法，"离相无住"和"不住相布施"的观念是在人的社会中所发展出来的，是一种相对于一般世俗价值观的另外一种世界观。如果没有一般世俗价值观（着相有住）的衬托，事实上烘托不出"离相无住"和"不住相布施"的特殊。

延续这个观点，既然一般世俗的世界观是以喜怒哀乐、爱恨情仇来面对生老病死、苦难困顿，相形之下"离相无住"和"不住相布施"带来完全不一样的情怀。"离相无住"之后——说服自己自助餐台上的餐点都是"一样的"之后——心如止水，没有理由有任何起伏；而且，"不住相布施"之后，福德甚多。因此，相对于世俗世界观所带来的喜怒哀乐的起伏，《金刚经》的世界观带来的是安详平和以及福德。对任何人来说，只要在某个时点上，接受《金刚经》带来的好处胜过维持原有世界观所得到的，就可能舍旧而取新。

而且，虽然前面指出，"离相无住"和"不住相布施"也都是某种意义的"住"，这却无伤于这种价值观会在某些情况下取代一般世俗的世界观。要成为一种人所能安身立命的依恃（一种心理精神上的"住"），任何价值观都并不需要在逻辑上前后一致、完整无误，甚至不需要是"符合现实"的。

进一步考虑，虽然《金刚经》提出了"离相无住"和"不住相布施"的精辟见解，可是，《金刚经》教义的宣扬需要由适当的人以适当的方式来进行。什么方式较适合呢？谁领悟较深、道行较高呢？在这一切的取舍上，免不了要用到一般世俗大众所依恃的行为准则，不得不需要某种能分辨出高下大小、好坏良否的衡量尺度，也就是不得不维持"有相"的状态，以及在操作上能认知并解读"相"的一般世俗的价值体系。这就呼应了前面提到的观点：《金刚经》中"离相无住"和"不住相布施"的观点，是建立在一般世俗大众日常生活经验的基础之上。

6. 结论

当两种不同的文化开始接触时，往往因为隔阂而出现冲突和倾轧；这种现象也出现在学科与学科之间，以及某一学科之内的学派与学派之间。要化解或克服这种障碍，可以经由接触、对话、沟通等而试着找出彼此的交集。从经济学的角度来解读阐释佛教的重要经典《金刚经》，也可以看成是一种价值观向另外一种价值观延伸的尝试。即使在最根本、最高层次的理念思维上，可能有无法跨越的鸿沟，在较低的层次上或许还是可以琢磨出某种交集的。

本章虽然从经济学的角度对《金刚经》作了一些讨论和发挥；但是这只是起步，还有许许多多的问题并未处理。譬如，《金刚经》多次以"我"作为论述的起点，这个"我"的概念和"离相无住"的关系是什么？彼此有没有冲突？还有，日本企业界对禅很着迷，似能把类似"离相无住"的心情和追求利润的动机彼此调和；因此，如果以《金刚经》的内涵或精神作为行事准则，在高度科技化、高度文明化的现代社会里，对一般人而言意义是什么？还有，相关的问题是以《金刚经》的教义灭度众生时，所采用的逻辑、思维、方式和手段，是"离相无住"的世界观还是一般世俗大众的世界观？这些问题不但在智识的探索上有相当的兴味，对于了解《金刚经》乃至于更广泛的佛教教义也非常重要，显然值得进一步探究。

最后，如果要以一句话来贯穿经济学和《金刚经》的思想，下面这句话似乎相当得体：人，是衡量一切事物的主体（Man is the measure!）。

参考文献

徐兴无：《新译金刚经》，台湾食货出版社 1994 年版。

圣严法师：《六祖坛经的思想》，《中华佛学学报》，第 3 期，149-164，1990 年。

朱棣：《金刚经集注》，上海古籍出版社 1984 年版。

南怀瑾：《金刚经说什么》，复旦大学出版社 2005 年版。

第十一章　华人社会法学教育的几点观察

1. 前言

　　这一章的主旨，是针对华人社会的法学教育，提出几点观察。华人社会，这里是指大陆、香港、澳门和台湾。观察，是根据作者的所见所闻所思。在标明观察的重点之前，作者较特殊的资历，值得稍作说明。

　　具体而言，在处理华人社会法学教育这个主题上，我的资历有几点特色：第一，在两岸及港澳的高校里，都担任过教职；对于法学教育，都有近距离接触的经验。第二，在大陆 20 多所名列前茅的法学院里讲过课；有这种经验的（法学和经济）学者，并不多见。第三，所接受的专业训练是经济学，对于法学教育，是一个旁观者，也就享有旁观者的优势和限制。第四，两岸及港澳的华人社会里，大陆当然是焦点所在；在台湾出生成长、长期工作，对于大陆法学教育而言，是另一种身份上的旁观者。因此，基于以上几点背景，对于本章的主题，希望能提出言之有物的观察，以及有的放矢的臧否。

关于华人社会的法学教育，当然涉及许许多多的问题。本章将集中在其中的两点：第一，在历史的脉流中，华人法学教育的特殊意义；第二，在21世纪初，传统法学教育和其他学科接轨的问题。

2. 两岸及港澳

表11-1　华人社会

	澳门	香港	台湾	大陆
人口	586,300	7130,000	23,373,517	1,354,040,000
面积	32.8km^2	1,104km^2	36,192km^2	9,600,000km^2
法制	大陆法系	海洋法系	大陆法系（德日）	大陆法系（德日中）
重要史实	葡萄牙殖民 1553—1999	英国殖民 1842—1997	日本殖民 1895—1945	抗日战争 1937—1945

在华人社会里，香港的法治程度无疑排名第一。但是，虽然在近百年英国属地期间，已雕凿出可贵的法治，但对大陆法学界而言，香港却几乎毫无影响力可言。除了1997年回归之前，制定香港基本法期间，大陆和香港法学界交流较密切之外，由于英美法系和大陆法系之差，两地法学界交流互动极为有限。（近些年来，这种现象已经有所改善。通过各种夏令营以及学术

会议，大陆法学界的不少师生与香港高校的师生的互动越来越多）。同样地，虽然澳门曾是葡萄牙占地，也是大陆法系，但由于语言（葡文和中文）之间的差别，加上澳门法学界人数有限，两地之间的法学交流也只能算是聊备一格。

相形之下，大陆和台湾之间，法学上的交流密切无比。有几点重要的原因：首先，语言文字相同，没有沟通的障碍；其次，1949 年由大陆到台湾的政界学界人士，和大陆的政界学界，往往有门生故旧的关系，彼此交流有脉络可循。再次，1949 年之后，台湾经济快速成长，社会稳定几十年的期间，法学界已经逐渐形成自给自足的体系；一旦大陆改革开放，学术思想上需要养分，相对于英美德日等，最容易吸收消化台湾的学术作品。此外，还有一个原因就在于：台湾法治多学习德国，通过与台湾学术界的交流，也可窥见德国法治的发展程度。

3. 深层问题

华人文化所面对的终极挑战，是一个层次很高的问题，是整个华人文化所面对的问题；要法学教育承担起兴革的责任，似乎有点违反比例原则、强人所难。然而，有两点值得强调：第一，了解这个上位的问题，对司法体系在文化中的地位，可以有更完整全面的认知；第二，在改进法学教育内容时，可以有意识地有所因应、先为之计。

3.1 终极挑战

具体而言，对华人历史稍有了解的人都清楚，至少在清朝以前，华人社会好像被一种宿命式的束缚所诅咒：唐宋元明清等朝代，开国时无不气势恢宏、欣欣向荣。然而，世袭封建制度之下，短则百余年，长也不过二三百年，朝政日趋败坏，人谋不臧；民生凋敝，路有饿殍，盗贼义民暴众等纷纷揭竿而起。连年战乱之后，终于胜者为王，黄袍加身；另一个朝代于焉展开。开国之初，吏治清明，锐意革新；传宗接代之后，官僚体系和朝政逐渐腐化，民生凋敝，革命或外患又起，等等。如此这般，兴衰起伏一再重复。因此，于内没有制衡的条件，于外也没有竞争的压力——邻近诸国规模太小。

表面上看，这种循环反映了人的问题，贪腐败坏都是环绕着人。深一层的思维，是制度不佳；世袭之下，慢慢孕育出以皇帝为中心的利益结构。这个利益结构扩充和追求本身的利益，而不是着眼于社会整体的利益。虽然朝代更迭，但杀鸡取卵、竭泽而渔的事，却一再上演！然而，最深层的关键是，制度和文化里从来没有发展出超然的司法。超然的司法体系，如同公正执法的裁判一般，能让资源的配置、权力的倾轧和递嬗，公平合理地进行。

3.2 单一权威

单一权威是我所提出，主要的推论如下：地理结构上，中国大陆是一个面积辽阔、平坦完整的区块，是自给自足的一大片土地。南方的老挝、越南、柬埔寨等，有丘陵峡谷高原等相隔，历史上从来没有北侵、造成困扰过。左边有沙漠阻绝，形成天然的屏障；零星的商旅僧人，可能往返跋涉，但是大规模的军事行动，却鞭长莫及。右边是大海，船坚炮利之前，不成问题。剩下的，只有北方来的强敌。因此，只要能挡得住北方的威胁，中原大地自成体系，唯我独尊。万里长城修建在北方，是明显的例证。这个完整而相对封闭的地理区块，面积很可观；经过千百年的发展之后，累积了十几亿人口。和相邻的朝鲜半岛、泰国、越南等相比，规模上相差很多。

在这种特殊的地理条件下，只要交通运输的能力发展到某一程度，政治权力自然而然就会扩及整个地理区块，形成单一权威。历代朝廷无不自视为"中土"，皇上自居为"天子"；大一统的思维，应运而生，再延续和传承。相形之下，英国和印度，都曾是独霸一方的强权。然而，历史上，英国始终和欧洲大陆的德法等国交流竞争；印度，和中东伊斯兰教文明的互动往返，也无日无之。两相对照，华人的历史经验，和英国、印度大不相同；因为地理上的特殊结构，华人文化自成一格，而且定于一尊，可以说是有以致之。

在完整的地理区块上，形成单一的政治体；中央集权，排斥地方势力。然而，要统治幅员辽阔的帝国，毕竟不容易。交通不便，人口众多，各地民情风俗迥异；在中央集权之下，要用同一套具体明确的规则，操作上很困难。最好的办法，是发展出一种抽象的规律；简单易懂，但是在解释和运用上有很大的弹性，可以因地制宜。仁义道德，正好具有这些特质；四书五经成为圣人教化（孔孟学说），朝廷再以这些道德理念操作官

178

僚体系；官僚体系，以同样的道德理念治理政事。形式上，由中央到地方，似乎有一以贯之的游戏规则；实质上，道德理念有太大的阐释空间，好恶系于一念之间。

3.3 文化传统和法治

华人历史各个封建王朝，内部的政治制度上，大约都具有三点特质：行政权独大、司法不独立、中央集权。行政权独大，是指皇权透过行政体系，治理全国；司法不独立，是指在主观客观条件下，一直没有发展出独立自主、可以节制行政权的司法体系；中央集权，是指中央政府大权在握，并且有意削弱和抑制地方的权限。换一种描述的方式，西方所发展出"制衡"（checks and balances）的观念和机制，基本上不存在；节制皇权，只能诉诸监察御史的规劝，以及道德性的呼吁。单一权威、行政权（皇权）独揽大权、缺乏独立的司法、没有竞争制衡的力量、大一统思维等等，可以说环环相扣，彼此支持、同时成立。单一权威和大一统思维之间的联结，直接而具体。

然而，自从改革开放后，大陆一直维持很高的经济增长率；32 年之内（1978—2010），实质 GDP 增长为原来的 19.6 倍，每人实质所得增长为原来的 14 倍。随着近年来经济的快速成长，传统文化特质正面临不同程度的挑战。观察的角度，可以由水平方向和垂直方向着眼。随着经济快速成长，都会区大幅扩充，中产阶级逐渐形成，数量与日俱增。当中产阶级形成、享受经济方面的权利之后，自然而然地会要求政治上的权利。也就是，经济发展之后，政治问题的重要性将会渐渐增加。政治过程的投入参与，看起来是政治问题，其实是考验司法体系。捍卫政治体制的长城，最后还是可靠的司法。因此，在水平方向上，独立的司法和某种形式的制衡，几乎是必然的发展趋势。行政权不可能持续独大，司法独立的重要性将日益增强。会不会出现西方社会的行政立法司法三权分立，还在未定之数；然而，水平方向上，行政体系和司法体系之间，必然将发展出既竞争又与援的关系。事实上，中共的司法改革已开始"独立行使审判权"这一进程。

在垂直方向上，中央集权的传统，也必然会慢慢调整。人类历史上，这是第一次出现十三亿人口的社会采取大陆法系。随着经济规模的扩充，中央集权的操作成本愈来愈高；无效率、冲突、不稳定，几乎是同义词。因此，某种程度的地方分权，将是大势所趋。事实上，实证研究一再证明，在公共治理上，层级式组织（hierarchy）的效能，比不上水平式组织（polyarchy）的效能。事实上，中共已经开始向地方分权的改革。

现在积极培养司法人才，提升人力素质，诱使优秀的年轻人投入司法工作。几十年之后，当经济和政治条件渐渐成熟，这些司法种子已经逐渐地位居要津；岁月的折磨考验之后，即使不可避免地退化，至少有较好的条件、较大的可能，可以助一臂之力，帮助接生独立的司法。也就是，在不冲击目前利益结构的情况下，现在先播下种子，期待几十年之后能慢慢地开花结果！

4. 法学方法

前面描述的"大哉问",是一个层次很高的问题;和"大哉问"相对的,是目前法学教育的实际问题。实际问题,由教学中可以慢慢体会而得。由学子们的课堂发言和作业里,我可以一再地感受到,传统法学训练的缺失,主要有两点:首先,教学上以法条为主,这是课堂讨论的起点,也往往是重点所在。对于法条背后的立法意旨和相关考虑,却通常不是阐释的重点。可是,无论哪一种法律,法条只是立法的结果,反映了当时的时空背景。学子们生吞活剥,勉强咽下甲说乙说等等;可是,知道法律"是什么",却不能体会"为什么"。这种教学的方式,有点像是"锯箭法"——只处理部分,而不是整体。

其次,对于民法、刑法等部门法,学子们可以琅琅上口;可是,对于整个法律体系,却没有一以贯之的理论。最多,只有一些道德哲学,一些想当然耳的教条和信念。原因很简单,目前法学教育里,对于人际互动、社会现象,并没有一套基本的理论。学子(和学者)们所能依恃的,就是直觉和自己有限的经验。然而,如果不了解社会现象的来龙去脉,凭什么设计和操作法律?

最明显的是在商法,特别是票据法、证券法等领域里,如果不了解信息、组织的基本理论,如何理解和体会这些经济活动所涉及的问题?根据简单的公平正义,如何面对上市公司的信息揭露、衍生性商品的风险管控等具体问题?原始和传统社会里,人际交往和社会结构相对简单;公平正义、人权自由等理念，也许足以应付有余。然而，现代社会复杂多变，法学必须由其他学科吸收养分；自给自足、自矜自是的美好旧时光，早已一去不复返。

还有，和另外三个地方相比，大陆法学院的学生，有两点较明显的弱点：一方面，他们对外国语（主要还是英文）的掌握较弱；在本科和研究生阶段，教材很少用原文著作。引用的，多半是外语译成中文的作品，这和阅读原典当然有落差。另一方面，和这点相关的，就是对于现代社会科学的基本知识，了解相对有限；除了法学/法律条文之外，知识原理的储备相对匮乏。当然，这两点是粗糙的观察，学生之间的个体差异很大。

传统法学教育的训练下，学子们对法条很娴熟；面对问题，往往是"由概念到概念"，在概念上打转，希望能自圆其说。如果接连问几个"为什么"，学子们往往就捉襟见肘、面红耳赤。

5. 替代方案：法律的经济分析

关于法律的经济分析，波斯纳教授是公认的权威。他在1981年把多篇论文集结成一书，名为《正义/司法的经济学》。第6、第7两章的章名，提纲挈领地揭橥了他的方法论：第6章"原始社会的理论"，第7章"原始社会律法的经济分析"。对于原始初民社会，他先提出一个整体性的架构；而后，再根据这种体会（理论），进一步探讨当时的法律。也就是，先有理论，再分析法律。

抽象来看，对于原始社会的各种人类学材料，波氏能提出理论架构，正表示他依恃了另一个层次更高的理论。对于人类行为，他的理论能一以贯之：既可以分析当代社会的现象／法律，也可以分析初民社会的现象／法律。随着时空条件的变化，社会现象的样貌或许不同，但本质上都是人类行为的结果；掌握了人类行为的特质，等于是掌握了解读法律的一把万能钥匙。

以这种行为理论为主，我曾经在大陆 20 多所的法学院里讲过课。法学院的硕士和博士生，很多都是本科（大学）时就学法律；因此，在传统法学里，已经浸淫了五六年甚至更久。一旦面对另一个学科的质疑，加上不特别友善的信差（作者），场景当然不会是一片和谐、温良恭俭让。我的说辞，与其说是挑战，不如说是挑衅，充分地发挥了火上浇油的效果："有意见是一种态度，有内涵是一种深度""知识是一种力量，无知也是一种力量""不要暴虎冯河"……当然，也有比较缓和的提醒："吃鱼时，先吃鱼肉，不要一直挑鱼刺""不先把杯子里的水倒掉，就装不下新的东西"。

在很短的时间里，要改变习以为常，甚至是根深蒂固的思维观念，当然不容易。这个过程几乎必然是困难无比的，以艰辛和挣扎排斥等来形容，毫不为过。然而，一旦自己说服了自己，就可曾经沧海难为水，登泰山而小天下。在我的经验里，"让证据来说话"，在期末报告里，这些年轻学子们记下了他们的心路历程：

·严厉，甚至略显血腥成了熊教授留给学生的第一印象。然而，静心读完著作、听完点拨，发现很多自己曾经遇到的困惑突然看到了光明。（华东政法大学，博士生）

·我的"公平正义"究竟是什么？这一块圣碑轰然倒塌的时候，也看到了被它阻挡的更加开阔的天空。（上海交通大学，硕士生）

·以前觉得法律和经济学的结合，纯粹是生搬硬套上去的；通过这门课的学习，我才了解到经济学帝国的强大。（浙江大学，博士生）

·初期：排斥情绪。中期：强烈冲击。后期：放下最后的防御。末期：全盘理解接受，学以致用。（南京师范大学，博士生）

·端正了自己的学习方法之后，我收获了无尽的喜悦。随着旧问题的不断解决，新的更有意义的见解也就大量地涌现，自己有了一种突破学习"瓶颈"收获知识的喜悦。（吉林大学，博士生）

6. 结论

简单回顾一下，本章的主要内容。首先是提出问题，希望对华人社会的法学教育，提出几点有意义的观察。而后，先比较两岸及港澳的基本结构，说明法制传统上的差别。接着，针对大陆，把"法学教育"的层次提升，探讨司法体系所要处理的终极问题，也就是法学教育真正的责任所在。这个问题当然涉及华人文化的特质，包括单一权威和大一统思维，等等。

相对的，是目前大陆法学教育的实际问题。1978年改革开放后，大陆法学界处于类似真空的状态。在学术思想上，这是百家争鸣、群雄并起的战国时代。传统法学和社会科学，正在争取法学思潮的主流地位。法律的经济分析无疑有大好的机会，能乘势而入，以实力来争取影响力。

参考文献

Hirshleifer, Jack, "The Expanding Domain of Economics", *American Economic Review*, 75（6）: 53-68, 1985.

Landa, Janet T., "A Theory of the Ethnically Homogenous Middleman Group: An Institutional Alternative to Contract Law", *Journal of Legal Studies*, 10（2）: 349-362, 1981.

North, Douglass C., *Institutions, Institutional Change and Economic Performance*, Cambridge, UK: Cambridge University Press, 1990.

Posner, Richard A., "Nobel Laureate Ronald Coase and Methodology", *Journal of Economic Perspectives*, 7（1）: 195-210, 1993.

第十二章　论规范式思维与结果式思维

1. 背景

对于人类的行为模式，社会科学里有诸多的探讨；其中，规范式思维（categorical reasoning）和结果式思维（consequentialist reasoning），清楚地勾勒出重要的面向。结果式思维，是以行为结果的好坏对错，决定当下的取舍；因此，闯红灯很可能被撞上，结果不好，就不闯红灯。相对地，闯红灯违反交通规则，是不对的，因此不闯红灯，这是规范式思维。然而，这两者之间的关系如何，是智识上有兴味的课题；譬如，在演化的过程中，谁先谁后，等等。

关于"categorical reasoning"的中文翻译，如何较适当，稍费思量。一般译为"绝对的思维"，并不恰当，因为涉及的思维并不是绝对的。这个名词，最早是和康德的"categorical imperative"连在一起。他想表达的意思是在某种情境之下，人们基于一种道德上的信念或宗教上的戒律，无从选择地必须采取某种作为。"categorical" 是由 "category" 而来，有分类、类别的含义。因此，就意义上来说，把 "categorical imperative" 翻译为"规范式戒律"，把 "categorical reasoning" 翻译为"规范式思维"，说得过去；和其他译法相比，特别是论述时尽可能不要增加新名词，徒生困扰。当然，在中文里，"normative analysis" 也常译为"规范式分析"。

本章的目标，就是针对这组概念，提出整合性的分析。主要的发现，可以简洁地归纳如此。首先，结果式思维，是规范式思维的基础；而规范式思维，是结果式思维的简写或速记。其次，法律帝国（Law's Empire）的基础，可以不再是抽象的道德哲学，而是立基于人类实际的演化经验。

就性质而言，本章的论述有两个层次：第一个层次，是针对结果式思维和规范式思维，提出整合性分析。第二个层次，是针对前面的分析，探讨学理上的含义，特别是关于法学以及经济学的行为理论。本章的结构如下，第 1 节是背景介绍。第 2 节是针对结果式思维和规范式思维作详细的论述。第 3 节是对法律和道德的关系作基本的探讨。第 4 节则是整合前两节的论述，第 5 节是探讨学理上的含义。最后一节，则是说明可能的后续研究，并且提出结论。

2. 整合规范式思维和结果式思维

这一节将经由几个不同的角度，阐释规范式思维和结果式思维之间的关联。

2.1 两者的差别

关于结果式思维和规范式思维，有很多差别。最直接而明显的，是两者的定义不同：结果式思维，是根据"行为结果"的好坏对错，再决定行为的取舍；规范式思维，是根据"行为本身"的好坏对错，决定当下的取舍。除了这个定义上的差别之外，两者之间还有一些有趣的差异。

结果式思维，是根据结果而取舍，这也隐含着：结果的好坏对错，是行为的奖惩；相对于行为者，结果通常是外在的，因此奖惩通常也是外在的。换句话说，人在做决定时，是根据外在的奖惩，决定行为的取舍。相形之下，规范式思维，是在决策的那个时点上，根据行为本身而取舍，这隐含着：行为本身的好坏高下，通常就提供了行为的奖惩；奖惩不是来自外在，而是来自于行为者本身，奖惩来自内在，由行为者本身决定。譬如，前面提到的例子，闯红灯可能被撞上，这是外在的奖惩；闯红灯违法是不对的，这是当下、内在的奖惩。另一方面，两者的操作，所涉及的成本也不同。结果式思维，通常要经过思索的过程，再决定行为取舍。规范式思维，直接诉诸道德直觉（价值判断），思考成本较低，可以直接反应。

由此可见，规范式思维和结果式思维，可以看成是两种行

188

为（思维）模式；或者，抽象一点，可以看成是两种不同的工具（tools）。在面对环境时，人们会依情况不同，而援引不同的工具。

2.2 两者的联结

要整合结果式思维和规范式思维，最直接的方式是由来源着手。也就是，规范式思维，由何而来？结果式思维，又是由何而来？

这两个问题的答案，其实很直截了当——对于人类这个群体而言，经过长期的演化，由不断的尝试和错误（trial and error）中，人们慢慢累积出可观的数据库，而且归纳出许多经验方程式。对于单独的个人而言，也是如此：在社会化的成长过程里，累积了足够的数据库，并掌握了对应的因果关系。也就是，结果式思维的基础，是真实世界的经验。依据结果，人们可以趋福避祸。在面对大自然的考验时，结果式思维可以增加存活的概率。在逻辑上，演化的过程中，是先有结果式思维再有规范式思维。譬如，看到老虎，最好闪躲，看似规范式思维，其实是结果式思维；原因很简单，由经验上（可能是世世代代累积而得）已经归纳出适当的规范。看到"纸老虎"（paper tiger），会有不同反应；看似规范式思维（"纸老虎"不危险），其实是结果式思维（了解"纸老虎"不危险，最好以其他方式因应。）而且，看到老虎毒蛇，知道要闪避；很难想象这种反应，是先由规范式思维而来。

然而，操作结果式思维，隐含思考成本。如果能降低思考的成本，可以提升行为的效率，进一步增加存活繁衍的概率。而规范式思维，正是降低思考成本的结果。由结果式思维到规范式思维，隐含两个步骤：第一步，不用思考结果，降低行为成本；第二步，奖惩由外在改为内在，没有时间递延而及时生效。因此，和结果式思维相比，这是双重的降低成本；行为的效率更高，竞争存活的能力更强。因此，规范式思维，可以看成是结果式思维的简写或速记（short-hand）；这是人类演化过程的结果，也反映了"降低成本"是行为的主要驱动力。当然，特别要强调，结果式思维通常是一种"预期"（expected outcome）——采取某种行为，预期会得到某种结果。

这个论点，还可以从另外的角度来阐释。规范式思维隐含着，在行为那个时点上，会根据规范（好坏是非善恶对错），决定取舍。也就是，面对某种情境，会选择好的、对的、善的行为。可是，这意味着：选择了好的、对的、善的行为，（在大部分情况下）会得到好的、对的、善的结果；这不正是"结果式思维"的特征吗？而且，再进一步讲，根据规范式思维的取舍，"有时候"会得到不好的结果；或者，即使明知有不好的结果，有些人、有些时候，会根据规范式思维而选择行为。可是，这只是"有时候"如此！如果根据规范式思维，每次都会有不好的结果——无论是对个人或群体而言——长期累积，竞争力下降，那么个人或群体不会在大自然的赛局里存活下来！

在规范式思维和结果式思维之间，还可以进一步地琢磨。首先，规范式思维隐含的价值判断——对错、是非、善恶、高下、美丑等——并不会凭空出现。在人类长期的演化过程中，会逐渐形成这些概念。运用这些概念，可以让人们竞争存活的能力上升，希望得到比较好的"结果"。

其次，规范式思维的分类（好坏、善意、是非等），呼应了结果式思维的判断。也就是，规范式思维里的"好"，在长期来看必然是带来"好的结果"。譬如，守望相助是一种美德，是好的；彼此互通有无，双方互蒙其利，长期来看，会有好的结果。偷东西是不对的，是不道德的；如果大家普遍偷东西，长期来看会有不好的结果。因此，规范式思维，其实呼应结果式思维；经过长期的演化，由因果关系中累积出足够的经验，把行为作大致的分类，然后赋予对应的类别。以后对于简单的情况，特别是日常生活里经常出现的状况，可以直接反应，提升行为的效率，增加存活的能力。

再次，规范式思维，通常只是大致的分类；一旦涉及复杂的因素，几乎必然要探讨"结果"将会如何。譬如，偷东西是不对的（结果不好）；但是，原始社会里，不可以偷自己部落里的牲畜，却可以偷别的部落里的牲畜。同样的道理，伤人是不对的，因为结果不好；可是，在正当防卫下伤人，情理法都接受，因为带来的结果比较好——否则，如果不能正当防卫，只能事后向司法体系（公权力）求助，成本太高，是不好的结果！

在更抽象的层次上，一旦面临冲突，最终的取舍还是依恃结果式思维：结果式思维和规范式思维，是两种因应情境的方式。当一个人面对某种特定情境时，到底要采用结果式思维还是规范式思维，显然是脑海里必须先做的取舍。譬如，地铁上看到老弱，要不要起身让座？或者，朋友向自己探听，某人品德如何？不同的人，根据本身的情况，可能会援用结果式思维或规范式思维。即使是类似的情境，因为条件不同，也可能换挡（gear shifting），而有不同的取舍。譬如，地铁上看到老弱，自己或累或病，就可能援用结果式思维，视而不见。或者，朋友探听的对象，是自己更亲密的朋友；就舍规范式思维（据实以告），而就结果式思维（维护更重要的关系）。

根据情境，选择用规范式思维或结果式思维，显然是希望所采取的行为，能得到好的结果。对于陌生或复杂的情境，可能困惑不决，难以取舍，正反映出结果式思维：在结果式思维和规范式思维之间，不知如何取舍，才能得到比较好的结果！规范（道德）上的两难，与其说是在道德的刻度上难于分出高下，不如说是在两种（或多种）道德之间，不知如何取舍，才能得到好的结果！事实上，区分结果式思维和规范式思维，本身就反映出结果式思维的意义所在。因为，抽象来看，"结果式思维"和"规范式思维"都是一种思维方式，也就是一种"工具"。这个工具区分为二，要比单纯的合而为一来得好；而且，这两种思维方式，适时的交互运用，能得到比较好的"结果"。否则，要根据何种理由，在"规范上"要采取这两种思维方式？

追根究底，应付环境的能力，是来自经验；而结果式思维，正是经验累积出的结晶。结果式思维和规范式思维，都是人们生活经验的产物。依情境不同，人们会援用不同的概念，以面对生活里的各种考验。也就是，概念（包括美丑是非善恶对错）是一种工具，有功能性的内涵。如果希望发挥好的功能，当然值得好好斟酌，要选哪一种工具，又要让这种工具配备哪些内涵！

一言以蔽之，规范式思维是结果式思维的速记；而且，虽然操作方式不同，两者的性质都是"结果式思维"！

2.3 引申

无论是规范式思维或结果式思维，都只是思维方法，并不保证选择时容易，更不保证都有好的结果。结果式思维的问题，经常是"结果是对未来的期望"，不确定性高；譬如，大学毕业时，先就业还是继续读书？规范式思维的问题，通常是同一个情境，两种规范都相关，而彼此冲突；譬如，对病危的人，要提供实质信息（讲真话、诚实）还是让病人心理平静（不讲真话、撒谎）？当然，规范式思维和结果式思维冲突的情境，所在多有。譬如，桑德尔（M. Sandel）的例子广为人知：杀一个无辜的人，可以救五个人；或者，无辜就是无辜，让五个人消逝？

其实，所有的情境，都可以运用结果式思维来考虑。借着一些事例，可以烘托规范式思维和结果式思维之间的关系。首先，历史上无论中外，同性恋一直被贬抑禁止。21世纪初，同性恋在许多地区已经公开而且合法。在"规范"的尺度上，同性恋不再是"错的"。除了社会进步、观念开放之外，主要原因之一，是繁殖和生产力不再是重要的考虑。"社会需要生产力"的这种"结果"一旦发生变化，连带的使"规范"也跟着调整。还有，许多社会里，过去是以刑法处理婚外情，现在则多以民法因应。随着都市化和隐私性增加，婚外情带来的"结果"，已经不像过去那么严重；关于婚外情的"规范"，也跟着改变。

其次，富勒的洞穴奇案（Fuller's Cave）较复杂，但也可以衬托出结果式思维和规范式思维的牵系。洞穴奇案和其他类似案例，主要情节相近：一群人陷入危境，以吃同伴的肉存活；获救回到人类社会后，如何处理较好？回答这个问题之前，先考虑一个参考坐标：在人类历史的某个阶段里，人们会把年纪大的老人弃置，让他们自生自灭，称为"逝老"（senicide）。经过长期的演化，"吃人肉"几乎已经被所有的社会所扬弃，"禁吃人肉"成为规范的一部分。"吃人肉"这个概念所引发的情绪上的嫌恶不快，正是操作规范式思维的奖惩。因此，当吃人肉的人回到人类社会，根据众议佥同的规范，自然是违反戒律，该受惩罚。

然而，同时成立的，是人们基于同理心，会设身处地地自问：如果自己不幸处在洞穴里，面对同样的情境，很可能也会有同样的举措。而且，与其遇险者全部消逝，不如牺牲少数，尽量存活。这种心理和思索，正符合结果式思维——和吃人肉相比，存活的结果更为重要！因此，较好的处理，是认定这些幸存者有罪，但是高高举起，轻轻放下；经过几年的刑期，净化心灵和清洗罪愆之后，能够出狱而回到社会，重拾人生。这种处置方式，既符合了规范式思维，也不违背结果式思维。而且，由社会长远发展（也就是多回合）的角度，这种处理方式是好的，因为会得到好的结果；对当事人或社会大众而言，都是如此——即使再出现类似的特殊事件，这种处置方式也不致产生不

194

好的副作用。

最后一个事例，是结果式思维变为规范式思维的佐证。人类历史上，大小战役不可胜数；对于战败的俘虏，斩首处决的也不在少数。然而，由尝试错误里，对俘虏不再处决，而变为奴隶，显然是一种双赢的进步（a Pareto improvement）。当然，这种转变，不是根据规范式思维，而是根据结果式思维。再经过长期的演化，奴隶制度逐渐被扬弃；对奴隶制度的态度，也为规范式思维所支配。然而，这已经是经过演进的过程；而且，根据规范，蓄奴是践踏人性，这又是不好的"结果"！

根据诺贝尔奖得主诺斯（Douglass North）的观点，思维模式（mental construct）也是一种制度（institution）。他认为，"制度不能解决所有的问题，却能使生活方便许多"。对于结果式思维或规范式思维而言，也是如此。换一种说法，无论是规范式思维或是结果式思维，由工具性、功能性以及演化的角度阐释之外，最好采取"次佳"（second-best）的立场。在漫长的演化过程中，发展出的工具未必是精致准确的。至少有两种原因可以解释：第一，环境中竞争的力量，不至于强大到使人的配备十分精密；第二，就人这个生物体而言，要发展出十分精密的配备，（架构和维护的）成本可能太高。

3. 规范式和结果式思维：整合

前面两节，整合了两个概念：结果式思维和规范式思维。在这一节里，将进一步阐释这两个概念之间的关联。

3.1 整合

前面两节的论述，既符合演化的过程，而且紧扣真实世界的现象。具体而言，结果式思维和规范式思维，主要是个人层次（micro level）上的行为模式；道德和法律，则是由个人（鲁滨孙们）过渡到社会，主要是群体层次（macro level）上的行为模式。由结果式思维到规范式思维，是自然而然的发展过程；观念上符合演化的特质，实证上也符合真实世界的经验和证据。

还有，由结果式思维到规范式思维，这是一个完整的体系；结合前面两节的论述，等于是编织成一个完整的故事，可以描述在长期的演化过程中，人们面对大自然严峻的考验时，如何克服生存和繁衍这两大难题，自求多福。而且，无论是结果式思维或规范式思维，抽象来看，都是一种工具式的安排，具有功能性的内涵。更精细一点，这组概念还有某些相同和相异之处。最明显的相同点，是两个概念都和行为有关，而且都会影响、约束和限制行为。两个概念，都是一分为二：规范式思维是由结果式思维而来，原来是二合一。一分为二之后，都同时发挥作用，而且经常会有冲突扞格。当然，两个概念之间，也有一些微妙的差别。对于个人而言，规范式思维和结果式思维，偏重个人的心智和思索，变化的可能性较大。而且，规范式思维的内容（规范、价值观等），相当程度上是私人/个别的领域（private domain）；和社会的主流道德相关，但也可能有相当的差距。

由分析的角度着眼，这两个概念都可以看成是"均衡"（equilibrium）。均衡，是由一些条件的支持；当（某些）条件发生变化时，均衡很可能也会发生变化。利用经济分析的架构，可以探讨均衡的来龙去脉。而且，是实证性（positive analysis），而不是规范性的分析（normative analysis）。

3.2 成本效益一以贯之

无论是结果式思维或是规范式思维，都是在长期演化过程里，万物之灵所发展出的机制。希望能经得起物竞天择的考验，增加存活和繁衍的几率。而且，在这个"面对考验、发展工具、自求多福"的漫长过程里，追根究底，还是可以由成本效益的角度，一以贯之地分析人类行为。

降低行为成本，是人类行为的主要驱动力（之一），而得到效益（趋吉避凶），是自然的结果。前面曾经论证，结果式思维是规范式思维的基础，而规范式思维是结果式思维的简写或速记；既然是简写或速记，目的当然是降低行为成本。因此，结果式思维和规范式思维这两个概念，由演化过程，工具式/功能性的角度，可以进行有效的整合；由成本效益的角度，更可以一以贯之，提出前后一致的整合性分析。对于结果式/规范式思维，可以提出一个问题：如果根据结果式思维，预期会有好的结果；那么，人们会不采取行为，而且会一直不做吗？还有，如果根据道德直觉，采取了某种行为，得到不好的结果；那么，以后还会再做，而且一做再做吗？

由这个论点，也可以稍作引申。经济分析受到的批评之一，是往往提出"后见之明"，无法预知或预测未来。经济分析所自恃的行为理论，是由实际行为所归纳出的规律；这种行为方程式，自然而然受到过去经验的束缚。这未必是缺点，因为是由经验归纳而出，反而是论述有据。还有，经济学者常受批评为保守而不求新求变；由上面的分析，面对新生事物，保守的不只是经济学者，而是整个人类。后果式思维来自经验，面对新生事物，经验的数据库有时而穷；较好（结果上看来）的因应方式，自然是小心谨慎为上。

4. 讨论和含义

对于前面各节的论述，值得稍作回顾，并且阐明论述的性质和含义。在实质内容上，前面论述中提出的观点，弥补了理论上的一些缝隙。具体而言，主要的论点：规范式思维是结果式思维的速记。此外，把规范式／结果式思维和工具／价值理性，以及规则／行为合理，作一联结；点出不同文献之间的关联，增强理论之间的相通互补，也是理论上小小的增添。除了实质内容对理论的增补，更重要的是，前面的论述有较广泛的含义，特别是对法学理论。

具体而言，无论大陆法系或海洋法系（习惯法），正义毫无疑问是最高指导原则；对于正义的来源，往往是诉诸自然法、道德哲学、哲人思想等等。然而，前面的论述，却是为道德（包括正义的理念）提供了实证的基础（a positive basis）。也就是说，法律帝国的基础，可以不再是抽象的道德哲学，而是立基于人类实际的演化经验。这种基础，比起不容易捉摸、几乎是虚无缥缈、不同学者之间有不同解释的自然法或哲人思维等，显然要更为明确扎实、更有说服力。虽然本章没有直接处理"正义"这个概念，然而有两点可以稍稍强调：一、正义是人类社会发展出的概念，性质为规范，但是基础是结果；二、传统的法学论述，往往以正义为基础，本章的论述，为正义提供更务实、更有说服力而且更根本的基础。

　　此外，"法律的实证基础"（a positive basis of law），以人类演化的过程为材料，更呼应经济分析的行为理论。换一种说法，经济分析的行为理论（特别是成本效益分析），不仅在横断面上（cross-sectional）处理政治、社会、法学等领域里的问题，而且，更在纵断面上（longitudinal），把解释范围推展到人类的原始社会。对于道德、道德直觉的来源，提出一以贯之而且合情合理的解释。还有，众所周知，对于"方法论上的个人主义"（methodological individualism），诺贝尔奖得主布坎南（James Buchanan）多所论述。主要的论点可以归纳为二：第一，人才能感受到喜怒哀乐，是一切价值的根源和基础；第二，个人是形成社会现象的基本单位。然而，本章前面各节的论述，至少为"方法论上的个人主义"增添一些新意：道德等价值观（规范和道德直觉）确实藏之于个人，不是凭空而来；个人是各种价值的寄居处，是演化的结果。因此，分析方法上，个人的确是扎实有力的起点。另一方面，个人的思维模式（结果式思维和规范式思维），是演化过程的产物，本身也是可以分析探究的。因此，既然个人是价值的寄居处，对于个人本身的探讨，也刚好是检验其他分析方法的试纸。也就是，可以检验其他的分析方法，能否对个人本身提出合情合理的分析。

最后一点，关于方法论上的个人主义，还有一点值得一提。经济分析的"故事"，通常由鲁滨孙开始：即使在一个人的世界里，还是要面对生产、消费和储蓄/投资等问题；星期五出现之后，就有了交换、分工和专业化的问题。相对的，法学的"故事"，一向是由"两人世界"开始：星期五出现之后，两人之间有了互动，才面临规则的问题。然而，本章前面论证，方法论上的个人主义，不只适用于经济分析，也适用于探究法学问题！

5. 结论

这章处理的问题，主要是一些规范性（normative）的概念（道德、规范式思维等）；然而，在论述的性质上，则一直是保持实证性（positive）的分析。而且，仔细斟酌，实证性是有三种层次。

首先，规范式思维是结果式思维的速记，是实证性的论证。而且，规范式／结果式思维之间的联结，也是由实证的角度阐释。其次，这些整合性的论述，都和经济分析里的成本效益呼应，而不是在概念上作应然式的论述。第三个层次，这些整合性的论述，除了填补理论上的一些缝隙之外，更重要的是为法学提供了实证的基础（a positive foundation of law）；在研究法学问题时，可以不立基于抽象概念或道德直觉等，而是立基于更为具体和真实的基础。当然，传统法学里，正义的基础是道德哲学（自然法学）；本章提出替代的理论，为正义提供实证的基础。本章的论证，很容易被归类为"功能主义"（functionalism）。不过，这个标签，也是降低辨认成本的方式，具有功能性的内涵！而且，标签正确与否，也可以是质疑论对的焦点；更重要的，是理论上的说服力如何。如果认为功能主义僵化无趣，那么除了批评之外，最好有替代的理论（an alternative thesis），更有说服力。

近年来，行为经济学（behavioral economics）和行为法经学（behavioral law and economics）大行其道。主要的论点，是主流经济学对行为的解释，有明显的缺漏和瑕疵。毫无疑问，有许多地方，经济分析未尽如人意。然而，在规范式思维和结果式思维的问题上，本章的解读，只援用了简单的成本效益分析，就提出清晰合理的解读。如果人类外在的行为，经济分析可以有效解读；人类的内在包括心理结构和脑海里的思维，为什么不能试着作同样的分析呢？毕竟，人们内在的结构，也要耗用生理精神的资源；在漫长的演化过程中，难道不会朝向低成本高效能的方向发展吗？至少，在轻易地放弃经济分析，对经济解释提出质疑之前，可以一以贯之、以简驭繁地试着把经济学核心智慧结晶推展到极致。

由前面的论述里，也自然地引发出一个问题，兼有理论和实际上的兴味，值得作进一步的探讨。具体来说，方法论上的个人主义，强调个人是分析的基础。然而，人类／生理学的实证数据显示，600万年前，人类是以10人左右的群体存活，而后群体的规模逐渐扩大。人类的实际经验，显然是以群体开始，个人的特质（理性自利等）不能独立于群体之外。也就是如果追根究底，就不能把个人的特质视为给定（given）的前提条件。因此，理论上的问题是：既然个人的特质是在群体生活中所雕塑而成的，如何提出一种理论，能同时解释群体生活和个人特质。方法论上的个人主义，可以有，也应该有更精确的基础。

在社会科学里，达尔文的进化论大体上已经是众议佥同。相对的，"人是成本效益的动物"这个智慧结晶，显然还需要更多的论述，或许才能得到类似的认可！

参考文献

Cosmides, Leda, and Tooby, John, "Better Than Rational: Evolutional Psychology and the Invisible Hand", *American Economic Review*, *Papers and Proceedings*, 84（2）: 327-332,

1994.

Diamond, Jared, *Collapse: How Societies Choose to Fail or Succeed*, USA: Viking Press, 2005.

Sen, Amartya, "Rationality and Uncertainty", *Theory and Decision*, 18 (2) : 109–127, 1985.

Shavell, Steven, "Law versus Morality as Regulators of Conduct", *American Law & Economics Review*, 4 (2) : 227–257, 2002.

第四篇　探索法之法

第十三章　望远镜里的法律经济学

1. 理论架构

　　法律经济学（law and economics）又称为法律的经济分析（economic analysis of law），简称为法律经济学，是一个新兴的学科；利用经济分析的架构，探讨法学问题。自 1960 年发轫之后，快速发展。目前，在美国主要的法学院里，至少都有一位专业的经济学者；事实上，很多法律学者，也开始运用经济分析论述法学问题。

　　在华人世界里，法律经济学还在起步发展的阶段。虽然有许多个别的论文，体系完整的介绍还相对欠缺。本章希望能抛砖引玉，有系统地介绍法律经济学。希望达成的目标有二：第一，清楚地介绍经济思维的精髓，也就是经济分析最重要的一些概念；第二，运用经济思维和技巧处理法学问题，也就是把经济分析联结到法学。在这篇文章里，将先列举传统法学教育的特色，指出潜在的缺失；而后，提出经济分析的架构，再阐明理论架构的意义。最后，是利用具体的个案，说明和总结本章的论述。

1.1 传统法学教育特色

无论中外，法学有着光荣高贵的传统；投身于法学的男女老少，无不以捍卫公平正义自我期许。然而，面对经济学和经济学者的大举入侵、攻城略地，传统法学既感到惊讶，又有点错愕。

关于法学教育（大陆和台湾）的问题，主要有几点：首先，教学上以法条为主，这是课堂讨论的起点，也往往是反复申论的重点。而法条背后的立法意旨和相关考虑，通常不是阐释的重点。可是，无论哪一种法律，法条只是立法的结果，反映了当时的时空背景。学子们生吞活剥，勉强咽下甲说乙说等等；可是，知道法律"是什么"，却不能体会"为什么"。这种教学的方式，有点像是"锯箭法"——只处理部分，而不是整体。

其次，对于民法、刑法等部门法，学子们可以朗朗上口；可是，对于整个法律体系，却没有一以贯之的理论。最多，只有一些道德哲学，一些想当然耳的教条和信念。也就是，在学习刑法、民法、行政法等部门法时，学子们耗费时间心力，背诵条文和各家解释，囫囵吞枣，勉力为之。可是，各部门法本身，以及部门法和部门法之间，却缺少一个共同的架构；既可以用来理解（而不是背诵）各部门法，又可以体会部门法之间的关联。

最后，接受法学教育的，都是社会的精英。经过几年法学教育的熏陶，面对简单的问题时却经常是张口结舌，手足无措。譬如，第一，面对案件或法条，能否由生活经验中举一两案例，以作为比较分析的基础？第二，某个法条或学说背后的逻辑，到底是什么？

列举这些特色，当然是隐含着一种批评；至于批评是不是稻草人、假想敌，最好由接受传统法学教育的学子们，心平气和地思索之后再回答。

1.2 社会进展的轨迹：循环流程

科尔曼（James S. Coleman，1926-1995）的《社会理论的基础》（*Foundations of Social Theory*）这本书确实是社会科学里的巨作，全书有993页，参考数据和索引就列了40页。作者是芝加哥大学教授，曾任美国社会学会会长。书名反映了作者广纳百川、成一家之言的雄心壮志。

这本巨著众人翘首以待多年之后，于1990年出版。学界一片好评，书评之一表示，如果诺贝尔奖设有社会学这一门，科氏得之无愧。因为科氏不只是撰成一家之言，还弥补了社会学屡遭诟病的缺憾——他提出一个清晰、有说服力、应用范围极其广泛的架构！

在开宗明义的第一章，科氏就揭橥贯穿全书的分析方式：时间上分成1、2、3期，层次上分成总体（macro）和个体（micro）。第1期，总体层次上，已经存在着某种风俗习惯、典章制度和物质条件。第2期，总体层次的这些因素，自然而然地影响了个人的行为举止。众多个人的行为汇集加总，就呈现了第 3 期总体层次的景象。

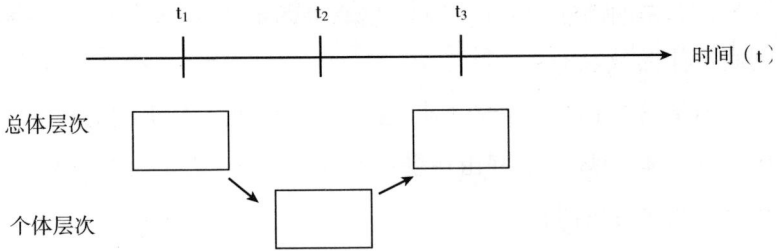

图 13-1　个体和总体

这个分析架构简明扼要，有点卑之无甚高论，却是纲举目张，而且有丰富的内涵。只要把 1、2、3 变成 4、5、6，就可以一直延续下去，分析动态的社会演化过程；而且，1、2、3 期的架构，具体标明总体层次和个体层次的互动关系；个人行为受到总体因素的影响，而个人行为加总后形成总体的现象。更进一步，总体和个体是一个相对的概念，两者都可大可小。总体可以指一个社会，可以指亚洲或是世界（大），也可以指一个家庭公司这种体系（小）。同样的，个体可以指个人，可以指组成亚洲的各个国家和地区（大），也可以指组成个人的心理生理成分（小）。最重要的，是在考虑各种法学（社会科学）的问题时，脑海里要有动态的观念。

1.3 人类活动的逻辑：均衡

这一节里，将介绍"均衡"（equilibrium）的概念：先以市场为例，描述市场均衡；而后，再扩充到一般性的均衡；最后，是阐释均衡的内涵，并说明这个概念的适用范围。

1.3.1 市场均衡

市场里有供给，也有需求。图13-2里，画出一条简单的供给线。纵轴是价格，横轴是数量。在一般的情况下，牛奶面包、汽车洋房等的价格愈高，市场里供给的数量愈多。因此，供给线的形状位置，是由西南走东北。直线并非必要，只是便于说明。

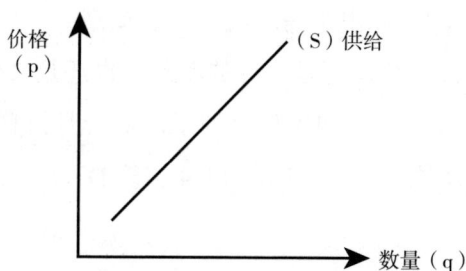

价格（p）

（S）供给

数量（q）

图13-2 供给

值得注意的有两点：首先，图形是二维（价格和数量）的，表示在这个图形里，只考虑（譬如）牛奶的价格和牛奶的数量；其他的因素，如季节、可乐咖啡的价格等，都暂时不列入考虑——这就是经济学家朗朗上口的"其他条件不变"。不是其他条件不重要，或不知道有其他因素，而是为了简化分析；二维的图形，比三、四或更多维的图形容易画，也更容易理解。

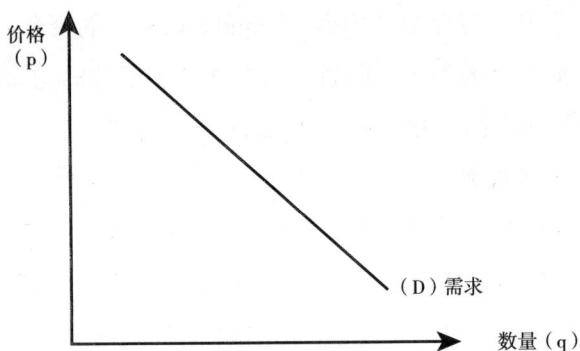

图 13-3　需求

其次，图 13-3 画出了需求线，价格愈高，一般而言需求量愈少；和供给线一样，还是二维的图形，也还是其他条件不变。如果其他条件没变，譬如中秋节到了，对于月饼糕点的需求增加；月饼的需求线会右移，如图 13-4 里的 D′ 所示。

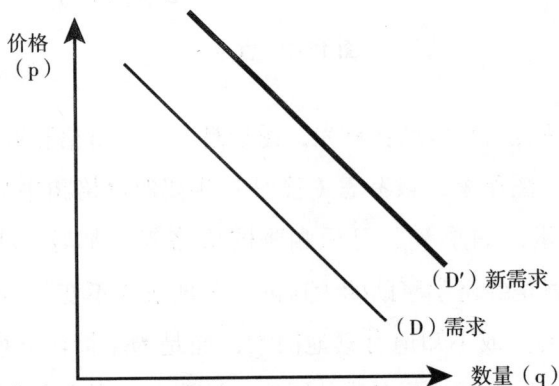

图 13-4　需求移动

而后，图 13-5 是结合供给和需求这两条线：当价格 P_L 低于均衡价格 P_E，需求量大于供给量，供不应求，价格会上升；当价格 P_H 高于均衡价格 P_E，供给量大于需求量，供过于求，价格会下降。最后，价格调整为 P_E 时，供给量等于需求量，市场达到均衡。如果其他因素不变，均衡会延续下去；如果其他因素发生变化，可以分析受影响的是需求或供给，或两者都受影响；画出新的供给／需求线，再探讨新的均衡。

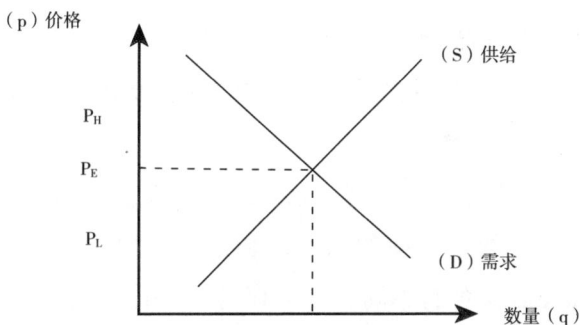

图 13-5　市场均衡

1.3.2 市场到非市场

市场均衡，可以利用另外一种方式来表示。图 13-6 一目了然，市场均衡是由两种力量所支撑：供给和需求。把这种概念再一般化，成为图 13-7：广泛地看，任何一种均衡，（假设）是由四种条件（ABCD）所支撑。市场里，当其他因素发生变化时，供给需求会变化，市场均衡（很可能）会跟着变化。同

213

样道理，当 ABCD 的条件（之一或更多）发生变化时，通常均衡也会跟着改变。

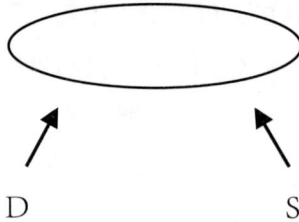

图 13-6　也是市场均衡

1.3.3 阐释均衡

关于"均衡"这个概念，有两点重要的启示；借着图 13-7，可以清楚地作一联想。

第一，存在不一定合理，存在一定有原因。我们身处的环境，基本上是处于均衡的状态，稳定、重复出现。虽然样貌（configurations）各有不同，都可利用均衡的概念，分析支持均衡的条件。

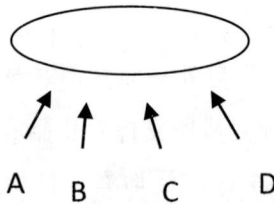

图 13-7　均衡和支持条件

214

譬如，在台湾大学的校园里，有很多自行车；浙江大学的之江校区（光华法学院）里，几乎没有自行车；南京东南大学法学院所在的校区里，也有很多自行车。然而，台大校园里的自行车，失窃率很高；东南大学九龙湖校区里的自行车，失窃率极低。这三个截然不同的景观，都是均衡；样貌不同，因为支持条件不同。

首先，光华法学院位于钱塘江畔，是依山而建的校园，坡度极陡，不适合骑自行车；没有自行车，是一种均衡。其次，台大主校区和东南大学九龙湖校区，平坦辽阔，最好有自行车代步；大量的自行车，也是一种均衡。再次，台大位于市区，附近有许多其他院校；自行车价值不高，重量又轻，因此容易被顺手牵走。东南大学九龙湖校区，位于郊区，附近人烟不多；校区封闭，入口有警卫；因此，自行车失窃率低。三种均衡，样貌不同，都和支持条件有关。

第二点重要的启示，是"好价值的出现，是有条件的"。希望有好的均衡，必须有相关条件的配合和支持；否则，再多的道德呼吁，通常也无济于事。譬如，在山西地区，有许多煤矿；每隔一段时间，就会有矿灾，遇难人数多少不等。能安全地开采煤矿，显然是一个好的价值；依目前的支持条件，能享受这种好的价值吗？目前的支持条件之一，是土地国有；矿场是向国家租用，不属于私人所有。既然只是租用，当然没有意愿做长久之计——投入可观的金钱，改善坑道结构、安全设施、开采机械器具等等。而且，当能源价格上升，人工（和人命）相对低廉；与其花钱改善基本设施，不如靠运气。万一有了矿灾，出了人命，赔钱了事。好价值这种均衡的出现，是有条件的。

均衡的概念，在法学里几乎不见踪影。事实上，这个分析性的概念，应用的范围非常广；不但简单明确，而且解释力和说服力都很强。

1.4 检视方法论

波斯纳教授大学时主修英文，而后就读于哈佛法学院，表现优异，是《哈佛法学评论》的主编。以法学院第一名毕业后，他先到斯坦福大学任教，因缘际会接触经济学，对经济分析感到十分惊艳；因此，转往芝加哥大学这个经济学重镇，担任法学院讲座教授，边教边学经济分析，也认识了贝克尔（G.Becker）和斯蒂格勒（G.Stigler）等诺贝尔奖级经济学家。天资聪慧加上努力过人，他很快就掌握了经济分析的精髓，而后回过头来，重新检验他所熟悉、有高贵悠久传统的法学。他后来出任联邦第七区域法院法官，著作等身，是公认的法学界权威。

他在1981年把多篇论文集结成一书，名为《正义/司法的经济学》（*The Economics of Justice*）。对于原始初民社会，他先提出一个整体性的架构；而后，再根据这种体会（理论），进一步探讨当时的法律。

对于原始社会的各种人类学材料，波氏能提出理论架构，正表示他依恃了另一个层次更高的理论。也就是，对于人类行为，他的理论能一以贯之：既可以分析当代社会的现象/法律，也可以分析初民社会的现象/法律。随着时空条件的变化，社会现象的样貌或许不同，本质上都是人类行为的结果；掌握了人类行为的特质，等于是掌握了解读法律的一把万能钥匙。

以图形表示，波氏的方法论可以利用图 13-8 来呈现。第一步，先对社会这个大的环境，以理论架构来解释。第二步，基于这个解释大环境的一般性理论，再进一步分析社会的局部，也就是法律。法律经济学的思维方式，也是如此：基于经济分析，对人类行为有一般性的解读；然后，再根据这种分析架构，探讨人类行为的局部——法学问题。

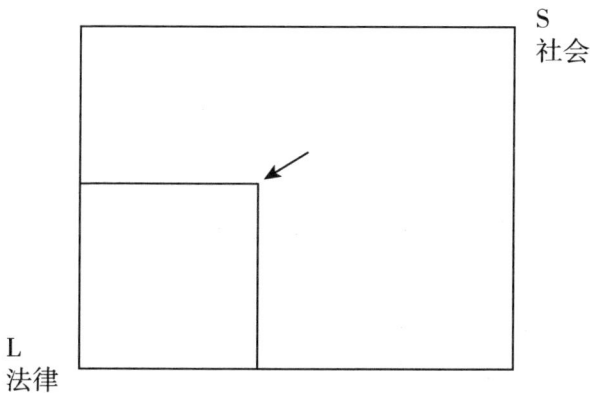

图 13-8　社会和法律

波氏理论的脉络，一清二楚；而且，根据这种结构，可以探究其他的问题。《制度、制度变迁与经济绩效》(*Institutions, Institutional Change & Economic Performance*) 这本书，是诺贝尔奖得主诺斯 (Douglass C.North) 在 1990 年的集大成之作。这本书里，引用波氏关于原始部落的理论，对于人类社会典章制度的发展，作更细致的划分。在互动中，先有非正式规则（informal constraints）；资源充沛以后，会发展出正式规则（formal constraints）。这两者，构成社会典章制度的基础，称为"制度矩阵"（institutional matrix）。

由社会矩阵的角度，就可以处理书中的大哉问：有的社会日益繁荣，有的社会原地踏步，有的社会不进反退，为什么？好的制度矩阵，隐含好的诱因，鼓励生产、发明、创新，就像科尔曼第一回合的状态，总体的条件诱导个体第二回合的作为，再汇集而成总体第三回合的状态。一旦走上良性循环的轨道，社会蒸蒸日上；反之，亦然。

由此也可见，好的理论至少有两点特色：一是观念上简单明确，对现实社会有解释力，甚至可以跨越时空。二是以简驭繁，应用范围广。而且，无论是波斯纳、诺斯或科尔曼，对于法学而言，他们的理论有很重要的启示。一方面，有了理论，可以帮助回答"为什么"，学子除了知其然（法律条文）之外，还可以知其所以然；而且，毋庸外求之于专家学者，自己就可以提出有说服力的解释。另一方面，理论的作用，是对于社会现象，能提出合于因果关系的解释。波氏的理论，能解释原始部落的律法；显然，他的理论不会受限于部门之别——只适用刑法或民法等等。原始社会有律法，而没有部门法；这也正意味着，部门法的分门别类，是一种人为的框架。好的理论能透视各个领域，捕捉彼此的共同性，一以贯之。

2. 分析工具

法学研究里有很多的题材，而法院里的官司，无疑是其中重要的部分。具体而言，官司的性质至少有两点：第一，是人际互动的特例，而不是常态；有点像是常态钟形分布（normal distribution）上，位于两尾的极端值（extreme values）。第二，官司的双方，利益通常是直接冲突抵触的；一般人际交往，通常是你中有我、我中有你，互动和互惠。

分析官司以及思考法学问题，当然不能（只）靠直觉，而必须有所依恃。各种学说理论，都是思考时的工具（tools）。本章这一部分里，不是介绍现实主义、实证主义等大的工具（grand tools）；相对地，是呈现一些思考上的小技巧（techniques）。"虽小道，必有可观者焉，致远恐泥"，是一种调侃；然而，工具箱里，兼收并蓄，多多益善。

2.1 线的延伸

这一节里将由线的概念开始，介绍一连串相关的概念；而后，利用这些概念，讨论几个相关的案例。

2.1.1 光谱

光谱（spectrum）的概念，大概在中小学里就学过。红橙黄绿蓝靛紫，是光谱上的七种基本新色；混合在一起，就成为白色。

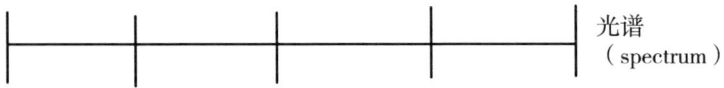

图 13-9　光谱

光谱较广泛的意义，是表示在这条线上有很多的点；点与点之间，距离不同。点的位置如何，是相对于光谱上其他的点。抽象来看，这隐含着：一件事物的意义，是由其他事物衬托而出。譬如，在杀人这个光谱上，可以标出很多种不同的情况（故意、过失、连续、预谋、共同、激情等）；在各个项下，还可以进一步细分。因此，在思索眼前或手上的案例时，脑海里不妨想象一个无形的光谱，然后再琢磨光谱上各个点的意义。

2.1.2 加上箭头

光谱加上箭头，就成为射线。图 13-10 里箭头向右指，符合一般的用法；原点在左，射线向右延伸。以射线来反映时间轴，立刻衍生很实用的法学概念。一个实例足以反映，时间轴上的各点意义不同，值得受到不同的关注。

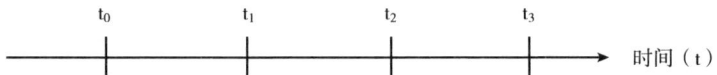

图 13-10　时间轴

马戏团要由甲地移到乙地，用一个小货车载了只老虎，遇上红灯停下。一位妇人好奇，把手伸进笼子里，想摸摸难见的老虎。老虎不领情，转头一口咬下妇人的手臂。妇人告马戏团，

220

官司如何处理较好？时间轴上，t_0 是货车停下的那个时点，t_1 是妇人动手，t_2 是老虎动口，t_3 是两造兴讼。

根据这几个点来分析，妇人似乎也该承担某种责任，三七开四六开或其他。然而，更重要的，是在 t_0 点的左边，其实还有其他的点，t_{-1}，t_{-2} 等。当货车装载老虎时，可以轻易地用"回"字形的双层设置，让妇人无论手伸多长，都不致遭虎噬。法学上相关的概念有两个：第一，马戏团可以利用很低的成本，就防范意外；因此，谁是"成本最低防范者"（the least-cost avoider），就必须承担起防范意外的责任。第二，任何人把极端危险的东西（ultra hazardous），如老虎鳄鱼炸药等，带入一般人的生活空间，就要承担起全部的责任。因此，重要的时点，不是 t_0 到 t_3，而是 t_0 左边未显示的点。

利用时间轴，可以很清楚地辨认这件官司的曲折和关键所在！

2.1.3 瞻前顾后

时间轴的另一启示，是可以反映两种不同的考虑。图 13-11 里，站在 t_0 这个时点上，事故（官司）已经在 t_1 发生。一种考虑，是回头看（backward looking），思考如何善后；另一种考虑，是往前看（forward looking），琢磨如何兴利。往者已矣，重点是如何处理手上的官司，才能产生宣示效果，诱发未来较好的结果。

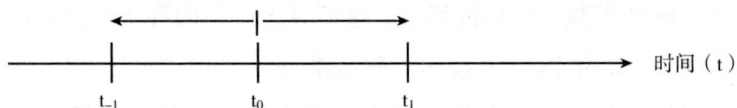

图 13-11 往前看和回头看

精细一点的描述，思维方式分成两步：第一步，根据法律和案件的各种条件，如何处置较好，先形成初步判断；第二步，更深入地考虑，初步判断隐含何种诱因，会对未来产生何种影响。"忘却过去，等于是背叛。"这句话真正的内涵，并不容易捕捉；然而，我们之所以处理过去（除弊），其实是为了未来（兴利）。如果没有未来，现在取舍如何都无关紧要。

抽象来看，人类社会如同是一场重复赛局（repeat game），要进行许多回合。社会的典章制度（包括法律），如同是这个多回合赛局的游戏规则。因此，对案件的处置，就是在操作游戏规则——关于游戏规则的取舍，显然必须考虑到对社会长远的影响。

一个具体事例，足以反映"瞻前顾后"的精义。"药家鑫案"，过程的大要是家境中上的 21 岁年轻人，驾着雪佛兰撞上一位到市区工作的农妇；妇人受伤倒地，似乎想记下车号。年轻人怕撞人事发，掏出利刃，刺杀妇人八刀致死。三天后，药家鑫自首；但是，经过审理，被认定"罪行特别重大"，判处死刑。于 2011 年 6 月 7 日，宣判并立即执行。

对于自首的人减轻其刑，是现代社会普遍接受的原则。主要的考虑有二，程序和实质。实质上的考虑，符合人性：人非圣贤，孰能无过?! 知过能改，善莫大焉。放下屠刀，立地成佛。在每个人的漫长人生里，犯错是正常；犯错后悔改，对自己和别人都好。程序上的考虑，符合成本效益：一旦自首，侦查以及审理执行的成本大幅降低。药家鑫自首而依然被判处死刑，由多回合赛局的角度着眼，司法体系等于是放出一个信号：自首没用! 试问，这在实质和程序这两方面，是否都说服力有限?

2.1.4 假设性思维

面对纠纷或官司，时间轴的另一作用，是"假设性思维"（hypothetical thinking），由波斯纳所提出。契约双方发生争执的原因，可能是在签约时没有设想到的情境，却在签约后出现了；也就是，契约条款有"缝隙"（gaps），怎么办?

波氏认为，应当站在 t_0 这个时点，假设当初签约时点上（t_{-1}），曾经考虑过这个特殊情境；那么，根据常情常理，会订定何种条款，责任会如何划分。这种思维上的技巧，未必能解决所有的争议；但是，对于许多纷争里，确实提供一种思维上的着力点，有助于化解争议。

实例一则：美国收藏家某氏，生前立下遗嘱，死后把住宅改为美术馆，对外开放。运作多年之后，大环境改变；当地经济活动萎缩，道路交通不便，访客日稀，维持不易。主事者希望把画作收藏移往纽约，由更有规模的机构接手。收藏家的后人提出告诉，认为违反遗嘱。利用假设性思维，立刻可以得到明确的指引!

2.2 价值小论

价值（value）可以很抽象，也可以很具体。对于这个内涵丰富的概念，这一节里稍作处理。

2.2.1 正义

对于正义（justice），法律人总有一种无可名状的自豪。然而，如果进一步追究，什么是正义，很多人会斟酌再三，无从下手或出口。其实，以盲人摸象的方式，可以捕捉正义的某些面向。

首先，在价值的光谱上，有诸多不同的点（正义、真善美、仁慈、庄严等）；正义，是其中之一。针对每一个点，可以延伸出一条射线：由下而上，或由上而下。射线表示，每一种价值都有程度之分（magnitude），都隐含排序（ordering）。譬如，美丑这种价值，由低到高，可以排序出许许多多的刻度。正义这种价值，也是如此。在正义的排序上，简易法庭的刻度较低，二审（三审）终结的刻度较高。

其次，正义的身影，并不是在每一角落里都出现。家庭之内，几乎不会有正义的容身之处；孝慈友恭、和谐敦睦等，才是主导的概念。可见得，援用正义这个概念，要考虑到时空条件。

最后，无论中外，无论古今，每个社会里都有偷盗打杀；处理这些问题，自然会发展出必要的概念。因此，正义的概念，确实具有普世性。然而，正义这个概念的内涵，是由实际的条件所填充。不同的社会，赋予正义不同的内涵——华人社会，配偶、父母和子女无须作证；在美国，只有配偶而且是婚姻关系存续期间内，才无须作证。因此，正义的性质，是一种地域性的概念（local justice）。

2.2 财富

众所周知，波斯纳提出"财富极大"（wealth maximization）的观点。他认为普通法（common law）的传统，通常符合这个原则；而且，法官在判案时，也值得由这个角度着眼。思想源流上，诺贝尔奖得主科斯（Ronald Coase，1910-2013）在1960年的论文里，就提出类似的观点。他用的专有名词，是"社会产值极大"（maximize the value of social production）。无论是财富极大或社会产值极大，对法学界而言都不太容易接受。然而，只要阐释得宜，他们的观点不但有说服力，而且对思索法学问题大有帮助！

图 13-12，是"瞻前顾后"图形的延伸。前面曾经提到，站在目前 t_0 这个时点上，希望不只是"回头看"的除弊，更重要的是"往前看"的兴利。然而，并没有明确地指出，"兴利"的实质内涵为何。图 13-12 的时间轴下方，画出两个圆圈。站在 t_0 的时点上，事故已经发生；回头看，是如何界定责任，也就是如何切饼的问题。饼的大小，已经确定。往前看，是希望 t_0 的决定，能有好的宣示效果；产生好的诱因，使饼能愈来愈大。

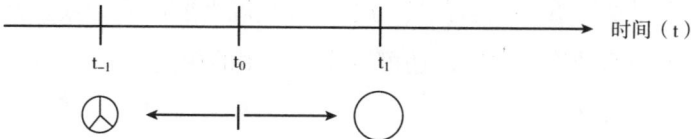

图 13-12　饼的大小

225

那么，什么是"饼"呢？价值光谱上诸多的点，都可以当作政策目标；譬如，正义、真善美、忠孝节义等等。然而，希望社会上的正义愈来愈多，固然是个好的目标；在具体的政策上，难道容易设计、操作和实现吗？相形之下，波氏的"财富极大"，就有相当的说服力。财富，见诸货币存款、汽车洋房、公寓大厦；有市场可以观察运作，有数字可以评估比较。而且，财富累积之后，一般而言，可以轻易地转换为人们所在乎的其他价值。以增加"财富"为政策目标，在理论和实务上都站得住脚。

此外，有两点澄清：第一，波氏眼中，财富当然只是一种工具，而不是最终的价值；透过追求财富这个工具性的价值，希望提升最终的价值——人们的福祉。第二，"财富极大"的说法，简单明确；其实，何谓"极大"，谁也不清楚。波氏的用意，只是希望社会的资源愈来愈多：资源愈多，通常愈能支持人的各种权利，也能提升人的福祉和尊严。

2.3 解构天平

天平，往往被用来代表司法运作，至少有两点含义：对于争讼双方，希望能持平处理，不偏颇任何一方；而且，维持稳定的度量衡，在多回合的赛局里，游戏规则要前后一致。然而，对于天平的结构和性质，还可以作进一步的探究。

2.3.1 A–A′

A–A′，是以简单的符号，反映天平的结构。天平两边的利害轻重，可以用 A 和 A′ 来捕捉。此外，光谱上有诸多的点，由其中萃取相关的两点（A 和 A′），再作精细的比较。还有，A 的曲直是非，是相对于 A′。因此，在考虑眼前的事物时，值得思索相关的、适当的、有意义的参考坐标；借着对照和比拟，呈现出事物较完整的意义。

2.3.2 A-A′ 向前看

A-A′ 也可以看成是一种分析技巧，反映取舍时的思维方式。图 13-13 表示，把可能的选项，由 A、A′、A″ 等限缩为 A 和 A′ 之后，就可以针对这两者来评估。如果选的是 A，会导致一种结果；如果选的是 A′，会导致另一种结果。在两种结果之间，选择比较好的结果。这种思维方式，呼应了前面"往前看"的着眼点：如何取舍，是以结果来判断。

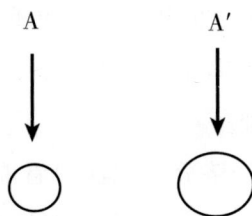

图 13-13　A-A′

具体而言，在设计和阐释法条时，可以用 A-A′ 代表两种选择；在 A 和 A′ 这两种规则里，哪一种规则可以带来较好的结果。譬如，"民法"里规定，果树枝桠越界时，如果相邻是私有地，落地的果实就不为果树主人所有。可是这是为什么，背后的逻

227

辑为何？

A 是果实落在邻地，还是为果树主人所有；A′ 是另一种规则，不为果树主人所有。选了 A，可以保障果树主人的权益，但是主人没有意愿修剪枝桠；而且，进入邻地捡取果实时，侵犯了邻居的隐私和财产权。选了 A′，果树主人会注意修剪枝桠，邻居隐私和财产权不受干扰。由结果来看，显然选择 A′ 较佳。因此，A-A′ 的技巧，可以说明和捕捉不同规则造成的后果、背后的逻辑；让思考过程透明，像画连环图一般。

2.3.3　A-A′ 精义

在法学里，官司是研究争点；而争讼的双方，明显地是处于对立冲突的状态。两者之间的取舍，就是彼此竞争价值间的取舍。除了官司之外，法学里的各种问题，追根究底，就是不同价值 / 观点 / 解释之间的竞争和取舍。A-A′ 的技巧，简洁但明确地凸显出各种价值之间的冲突。更重要的是，A-A′ 同时隐含着价值竞争是常态；对于最后的取舍，最好能说出一番自圆其说、有说服力的道理。

针对法学而言，经济分析把法律看成是规则（view law as rules）；不同的规则，等于是不同的工具（view rules as tools）。既然是规则和工具，就值得分析不同规则 / 工具的良窳。A-A′ 的技巧，就是在不同的规则 / 工具之间，先作平实的比较，再作最后的取舍。经济分析不是在提供标准答案，A-A′ 也并不隐含最佳方案（first-best choice）；A-A′ 通常意味着，在不同的次佳方案（second-best choices）之间，权衡利弊得失之后，选择其中缺点较少、优点较多的方案。因此，最后所得到的，通常是一种利弊掺杂的组合（a mixed bag）。这个世界不是完美的，但却是有意义的（The world is meaningful）！

最后一点，法学里的各种概念，也可以视为工具（view concepts as tools）；对于概念的援用和取舍，当然也可以利用 A-A' 的技巧。

2.4 法益和外部性

在法学论述和教学里，常引用的一个名词是"法益"（legal interests）；简单地说，就是法律所希望保障的利益。可是，对于这个概念（工具）本身，通常没有进一步的讨论。一方面，发言者通常是诉诸信念（beliefs），由自己判定，而没有以实证数据（facts）为基础；另一方面，法益的大小轻重，没有明确的排序（ordering）。因此，在运用这个概念（操作这个工具）时，往往出现信者恒信、不信者无从置喙的状态。

在公共政策的领域里——法律是其中的一部分——论述最好都能有事实为依据，而不只是在概念的世界里悠游打转。

2.4.1 外部性（externality）

经济学文献里，阐释外部性所常用的经典事例是：砖厂生产，煤灰碎屑等飘落到附近民居；上流工厂排放的废水，污染了下流工厂的用水。简单地说，"外部性"就是指一个人的行为，对其他人造成的影响。虽然似乎平凡无奇，但稍作琢磨就可以发现，外部性几乎是一切法律问题的起点！

在鲁滨孙一个人的世界里，他所面对的限制，是来自大自然，而不是其他的人。当星期五出现之后，两人相处，彼此的权益重叠，乃至于产生冲突。譬如，两人同时要捕一只野兔，睡觉时一人打鼾，等等。因此，彼此的行为，对于另外那一位都有外部性。经过一段时间的琢磨适应，发展出彼此互动的游戏规则。抽象来看，这些规则就是两人之间的律法。

人类社会，是两人世界的扩充和复杂化；外部性几乎无所不在，也就发展出各式各样的风俗习惯、规矩礼仪。这些非正式规则进一步精致和形式化，就成为正式规则——法律。因此，法律是游戏规则，是工具，而追根究底，就是处理外部性的问题。换一种说法，由外部性的角度，也能够一以贯之地掌握法律的精义。

2.4.2 排序和性质

外部性这个概念，在经济分析里常用。这个概念的内涵，当然是由一些相关的条件所充填。首先，由每个人的生活经验里，可以体会到外部性的身影：讲话太大声、特立独行、言语含刺、开车骑车横冲直撞等等。而且，这些行为所隐含的外部性，自然有大小轻重之别。因此，外部性这个概念，有现实经验为基础，并且自然而然地有排序（ordering），即使没有明确的数字。

经济分析里，多的是排序的概念：金钱有多少，价格有高低，商品有长短轻重，时间有日月年，等等。因此，当经济学者援用外部性这个概念时，脑海里会不自觉地作出排序。一般而言，法律所处理的，是大的、负的外部性；杀鸡用鸡刀、屠牛用牛刃，就反映出处理不同的外部性，需要运用不同的工具。此外，和其他概念一样，外部性的内涵，也是与时俱进。阳光权、肖像权的概念，在原始初民社会里并不重要。性骚扰明显地就是外部性，而定义正逐渐地演化：最初，只有肢体上的接触才构成性骚扰；而后，言词手势也纳入；最近，眼神落点也可能带来足够的负外部性，适用性骚扰。

3. 结语

经济分析的技巧，当然不限于这篇文章所介绍的。在这篇文章的最后，可以回顾一下，提纲挈领地掌握文章的主旨。具体而言，这篇文章有几个重点：首先，法律经济学这个学科，利用经济分析的架构，探讨法学问题，已经卓然有成。其次，经济分析涵盖的范围很广，本章介绍了两个重要的思维：科尔曼的"总体—个体—总体"架构，"均衡"的概念。最后，传统法学教育的特色（缺失），主要是了解"是什么"，但是却拙于处理或响应"为什么"。

最重要的是，抽象来看，法律经济学的方法论是先建构了解社会的一般性、原则性理论，再以之探讨法学问题。经济分析的特色、说服力、长处如何，最好让证据来说话。良窳如何，毋庸外而求也，读者可以自行论断！

参考文献

Coleman, James S., *Foundations of Social Theory*, Cambridge, MA: Belknap Press of Harvard University Press, 1990.

Easterbrook, Frank, "Foreword: The Court and the Economic System", *Harvard Law Review*, 98: 4-60, 1984.

Hsiung, Bingyuan, "The Commonality between Economics and Law", *European Journal of Law and Economics*, 15 (1): 33-56, 2004.

Posner, Richard A., *The Economics of Justice*, Cambridge, MA: Harvard University Press, 1981.

第十四章　再探实证法学——法律经济学的结构

1. 缘起

　　无论是在英美法系或大陆法系，主流的观点是：法学，是一个规范性（normative）的学科，和道德、价值等密不可分。至少在法学界，这种立场似乎众议佥同，几乎没有争议。然而，由社会科学（特别是经济学）的角度，却可以提出两点简单的质疑：第一，为什么？为什么法学是规范性的，难道不能建构"实证法学"（a positive theory of law）吗？第二，规范性的价值、理念、道德等，不会凭空出现；这些规范性的概念，本身又是由何而来？

　　对司法实务而言，可能这两个问题都无关紧要。检察官、法官、律师、公安等，都可以正常工作，把这两个问题视为浮云——遥不可及，过眼烟云。然而，对法学而言，这两个问题的意义，就值得稍加琢磨。就法学理论而言，在逻辑上和理论的严谨完备上，都无从回避这两个问题。而且，在智识的探索上，更有追本溯源、追根究底的兴味。本章的出发点，与其说是基于理论的严谨，不如说是为了智识上的好奇：有哪些环节必须处理，才能由规范过渡到实证？或者，两者之间是一道宽沟，无从跨越？不论最后答案如何，智识上的挑战，都有令人一探究竟的动力。

本章所采取的途径，是先处理第二个问题，即法学的规范性，以及道德、价值等概念，由何而来。而后，再尝试提出另一种可能性：实证法学的基本架构——由法律经济学的角度，阐释经济分析对法学的三层意义。完成这两步之后，也就再次地为"实证法学"贴上一小块磁砖；希望能借着不同角度、不同途径的努力，逐渐描绘出一幅完整可观的图像。

2. 大哉问：追本溯源

目前主流法学的见解是，道德、价值等概念是法学核心的部分，而且，法学本质上就是一个规范性的学科。至于为什么如此，似乎很少见诸文献；大家观念一致，似乎不言自明。这种主流的立场，至少有两个环节有待解释：第一，道德和价值观念等，性质为何，由何而来？第二，道德和价值观等，和法学之间的关联何在？这一节里，将依序处理这两个问题。

2.1 道德：源头和性质

在《正视权利》（*Taking Rights Seriously*）这本巨著里，德沃金（Ronald Dworkin）说道："以权利为核心的理念，最基本的观念，就是个人享有某些权益，不会被任意侵犯。"这个立场四平八稳，甚至掷地有声，令人击节。然而，还是可以追根究底，问"为什么"。

德沃金的说法（立场），是基于一种信念；而信念的来源，是根据每个人的价值体系，桑德尔（Michael Sandel）用的术语，是"规范式思维"（categorical reasoning）。规范、价值体系、道德等，在相当程度的范围里，是彼此互通、一体多面的。因此，可以以较为具体的道德（morality），作为论述说明的依据。道德，稍稍琢磨就可以发现，是由两个元素所组成：一方面，是对错是非高下的观念；另一方面，是所对应的奖惩。无论是对外在的人、事物，或对于自己，道德的这两个元素都发挥作用。当自己做了一件好事（如扶老人过街），自己心理上会觉得愉悦，这小小的心理起伏，就是奖励；反之，亦然。在性质上，道德像是一套游戏规则：既有对错是非高下的评估尺度，又有对应的奖惩。而且，很多时候，奖惩和外在的物质世界未必有关，而主要是自己内在心理情绪上的抑扬。道德的性质如此，但是又从何而来呢？

在许许多多的论述里，都把道德视为理所当然，是不证自明的前提。然而，由社会科学和理论严谨程度而言，可以往前推进一步。众所周知，夏虫不可以语冰。除了字面和嘲讽的隐喻之外，还可以另一种解读：因为夏虫存活时间的限制，所以

235

脑海里无须有"冰"的概念。内存可以省下小小的一点空间，节约能量，有助于存活。同样的道理，道德不是凭空出现，而是在漫长的演化过程里，逐渐发展而成。有了道德的"配备"（mechanism），可以增加生存和繁衍的机会。

一言以蔽之，道德（价值体系）是一种工具性的安排，具有功能性的内涵。

2.2 道德和法律

众所周知，道德和法律的关系非常密切；事实上，在原始初民社会，道德和法律是二合一的。

法律和道德曾经合而为一，可以更清楚地看出这两者的性质。因为群居社会，必然有烧杀掳掠、偷盗夺抢的摩擦，所以需要善后。法律／道德，就是维持群居社会的游戏规则；消极的能除弊，积极的能兴利。因此，抽象来看，法律／道德的性质，就是一种"机制"，是工具性的安排，具有功能性的内涵。然而，前面曾经论证，道德是由实际生活中衍生而出；不是来自于圣人哲王的教诲，而是来自于人们自求多福的需要。

因此，有两点重要的体会值得强调。第一，既然道德／法律都是演化过程的产物，两者的基础都是来自实证。也就是，看起来道德和法律的规范性都十足浓厚，其实真正的基础不是规范，而是实证。第二，道德／法律体系中，认定是对的、好的行为，必然是长远来看，能带来好的结果的。反之，亦然。一个例子，可以见其余：偷东西是"不好的"，因为由群体（社会）的角度，这种行为不但没有生产性（non-productive），而且会带来损耗（dead-weight loss）。然而，日积月累，大部分时候，只要认定偷东西是"不好的"，已经足以处理问题。因此，道德 / 法律有浓厚的规范意味，是因为诉诸规范直接、简单；久而久之，反而成了一种"知其然，而不知其所以然"的状态。

再次一言以蔽之：道德 / 法律本身有很强的"规范性"，但是最根本的基础还是"实证性"的。

3. 实证理论的三个层次

前面一节的论述，主要是澄清一个观念：法律 / 道德看起来是规范性的，其实基础还是实证性的。既然如此，一个"实证法学的理论建构"（A Positive Theory of Law），是值得琢磨的。这一节里，将由社会科学（特别是经济学）的角度，尝试提出这个架构。理论的结构，有三个层次，以下将循序渐进，一一叙明。

3.1 基本结构：回顾

近代经济学的发轫，一般认定是 1776 年亚当·斯密的《国富论》的发表。经过 200 多年的发展，在核心的部分，理论架构已经大致确定。

对于经济活动的探讨，是以"市场"为焦点。站在旁观者的立场，分析市场的结构，可以分成四个环节：分析的基本单位—行为特质—加总 / 均衡—变迁。分析的基本单位，是"个人"。行为特质，是降低成本或增加利益。加总和均衡，是买卖双方在市场互动后，形成一种稳定而重复出现的状态，视为均衡。当均衡受到这个体系（市场）之外或之内的冲击，经过变迁的过程，而达到新的均衡，一个完整的理论，必须有"变迁"这个环节。

3.2 第一个层次：政治社会

自亚当·斯密以降，历来的经济学者所关心的焦点，一向是"经济活动"。然而，在归纳出"分析基本单位—行为特质—加总 / 均衡—变迁"这个分析架构之后，经济学者开始以这个简单的架构，探讨其他的社会现象。自 1960 年起，经济学者大举进入社会、政治、法学等领域，而且大放异彩、大有斩获。这一小节，将简单描述在政治和社会这两个领域里的进展。

政治，涉及众人之事。传统的政治学，一向援用权力、公众利益、政党、选举等概念。可是，布坎南（James Buchanan，1919-2013）却独具慧眼：人就是人，在市场里追求私益私利，进了政治过程，难道就会变个人吗？以同样的分析基本单位和行为特质，布坎南首创的"公共选择"（Public Choice）理论，已经改变了政治学的风貌。而且，对于政治过程的探讨，奠定在更明确稳固的基础上。另一方面，政治过程里个人、群体、组织各逐其利的结果，往往出现"寻租"（rent seeking）的现象。利益集团（包括业者、官员、政客）角劲之后，形成多赢（但也可能是慷他人之慨、以邻为壑）的局面，就是不折不扣的均衡。一旦情况发生变化，利益联盟重新组合，就是变迁。

在社会学的范围里，贝克尔（Gary Becker，1930-2014）把经济分析的架构，带入对家庭、歧视、犯罪等问题的探讨。关于这些社会现象，社会学者一向由风俗习惯、道德传统等角度论述。贝克尔往前跨出一大步：风俗习惯（如歧视），不会凭空出现。如果由人际之间的互动，慢慢形成一种风俗习惯，就是"加总"和"均衡"的反映。

而且，家庭之内看似互通有无、何必曰利，其实完全可以由经济分析的角度解释：家庭之内，发展出亲情，正是基于深刻和长远利益的考虑，以更精致的方式（工具），处理珍贵而稀少的资源。美国社会学学会前会长科尔曼（James Coleman，1936-1995）1990 年出版的集大成之作，正是运用经济分析的"理性选择"（rational choice），处理主要的社会学议题。

3.3 第二个层次：法律

经济学向外扩充的尝试，在法学里绽放出最美丽的花朵。最简单的解释，是只要把法律看成是"价格"，经济分析的价格理论就能够长驱直入了。

较深刻的解释是琢磨法学和经济学的共通性（commonality）。如果两者性质接近，就容易交流。抽象来看，这两个学科，有三个明显的共通性。第一，两者的核心问题，都是在处理一对一的关系；法学是原告和被告，经济学是买方和卖方。第二，一对一的关系，都是彼此对立和冲突的。原告被告如此，买方卖方也是如此。第三，因为研究对象都是具体的个人，所以研究者很容易设身处地分别站在两种角色里，揣摩和设想彼此的利益考虑。经济学者能长驱直入法学，可以说有以致之。

简单地总结一下，经济分析归纳出简单明确的分析架构之后，很容易就跨入社会科学的其他领域。主要的原因，有两点：第一，社会现象，是由人的行为所汇总而成。只要不被表象所束缚，把情感、道德等，都看成是抽象的利弊得失，经济分析就可以派得上用场。第二，经济分析的架构具体明确，不涉及金钱财货，也不涉及价值判断。以旁观者的立场解读社会现象，很容易一以贯之，以简驭繁！

3.4 第三个层次：法学

随着法律经济学的发展，以经济分析探讨法学问题，至少在英美等地，已经不再有争议。随着时间的递移，曾有的争议和质疑，绝大部分已经烟消云散。法律经济学将一闪而逝的预测，也由事实做了最好的说明。

今天，在美国主要法学院里，都至少有一位经济学者任教。法律经济学的专业学科期刊，已经超过 10 种。除了如雷贯耳的波斯纳法官之外，已经有许多法律经济学者披上法袍。美国最高法院的判决，也反映了最高法院的法官也渐渐接受了法律经济学的论述。然而，在华人社会里，法律经济学却还在开疆辟土（众口铄金？）的阶段。

这一节里，将从两方面来阐释法律经济学：首先，借着简单的经济学概念，阐释大陆法系中的法律；其次，提升抽象程度，由经济分析阐明法学里的重要概念（譬如，因果关系）。前者，旨在呈现法律经济学的实用性；后者，希望凸显法律经济学在智识探索上的兴味。

3.4.1 提纲挈领

经济学探讨的焦点（之一），是买方和卖方（消费者和生产者）；法律所探讨的焦点（之一），是原告和被告。一对一，彼此利益冲突、竞争、牵制。

更进一步，这种对立关系隐含了"加总"的过程。对于生产者而言，商品（一罐可乐）的所有特质（色香味、包装、广告等等），最后汇集到一起，反映在这个商品的价格上；商品的价格，是一个整体的指标。同样的，商品带给消费者的满足（各种感官、自我形象等），也都汇集反映在一个单一的尺度上：自己所愿意付的价格（willingness-to-pay）。商品所有的特质、消费者所有的考虑，都集中反映在一个简单的货币单位上。而后，透过市场里俗气无味（faceless）的交换，资源能快速换手，而成为衍生下一波经济活动的基础。

官司处理的原告被告，大致上也是如此。争议所涉及的各种考虑（是非、情理法等），最后分别汇集成一个总体的指标：天平两边砝码的轻重。最后的取舍，就是"双方的输赢"；和消费者生产者的"买卖"（成交与否），本质上不分轩轾！

再进一步，经济分析的核心观念——（机会）成本——也清楚地反映在原告被告的对立关系里。（机会）成本的观念很简单：选择了一种选项（汽水），等于是放弃了其他的机会（可乐果汁等）。这些被放弃的其他选项价值，就是眼前选项的机会成本。因此，民事官司，原告胜诉，成本就是被告的权益；反之，亦然。刑事官司，被告有罪，成本就是他无罪开释所隐含的一切和一切。

当然，效益（benefit）和成本（cost），犹如镜子内外的两个影像；彼此呼应，只是描述的方式和着重不同而已！原告胜诉的效益，就是被告的权益受到抑制；正义往上增加一个刻度的成本，就是要付出更多有形无形的人力物力！法学里千百年来所讨论的是非对错，原告被告，追根究底，就是价值的取舍；而价值的取舍，本质上不折不扣就是成本效益的斟酌和琢磨。经济分析能快速在（西方）法学院里扩散，真是有以致之。

然而，法学和经济分析之间，有一点微妙而重要的区别。在斟酌取舍时，法学所依恃的参考坐标（reference framework），是历来的道德哲学、信念教义等等。这些参考点（reference point），虽然正气凛然、掷地有声（如同德沃金的宣示一般），可是看不到摸不着。相形之下，经济论述所依恃的参考坐标，是市场机能；价格体系提供了千千万万个具体明确、你知我知的参考点。

3.4.2 究其精微

经济学的众多研究领域里，有一个广为人知、充满活力的领域名为"制度经济学"。社会的典章制度，包括思维观念，可以视为"制度矩阵"（institutional matrix）的内容。法律，显然是制度矩阵的重要成分。因此，由制度经济学进入法学，探讨各种法学问题，其实水到渠成。

具体而言，"法律即规则，规则即工具"。把法律视为（或阐释为）规则，并不唐突。可是，对法学界而言，把规则视为工具，可能会令许多人侧目。其实，这是一种中性而务实的立场。规则本身不是目的，而仅是手段，目的是其他的价值。既然可以有很多种不同的规则，当然就值得选择其中较好的规则。利用成本效益分析，选出较好的规则，也就是较好的工具、媒介，希望更能达到最终目的。

这些观察，其实都晓白自然，卑之无甚高论。经济学进入法学，真正有挑战而且有智识上的兴味的，是对法学概念的阐释。众所周知，法学里概念的重要性无与伦比；而对法学的批评之一，是法学论述经常是"概念到概念"。论述者高来高去，听者往往人言人殊；对有志于法学的年轻学子而言，更经常是如坠入五里云中，而云深不知处。可是，如果把"概念"也看成社会现象之一，那么经济分析的架构一样可以派得上用场。也就是，把众议金同的"概念"，看成是一种"均衡"，然后利用成本效益的架构，对概念本身解剖分析。借着两个具体的例子，可以阐明这种特殊观点（insight）。首先，因果关系（causal relationship），是法学里重要的概念，因为涉及权责的归属分配。还有，"事实上的因果关系"和"法律上的因果关系"，两者之间又有微妙的差别。后者，是法律上所愿意接受（处理）的因果关系。

具体而言，在侵权的诉讼里，"可预见原则"（the foreseeable doctrine），是英美法系里被广泛运用的量尺。简单地表示：当事人所要承担的责任，是以他所可以预见的情境为限；对于他所无从预见的情境，他不应该承担起责任。可是，听起来合情合理，逻辑上却可以进一步追问："可预见"的边界又在哪里？一般人可预见的范围，显然和专业人士不同；那么，各自可预见的范围，又该如何决定？由经济分析的角度，答案其实非常简单明确：可预见原则的适用范围，是由成本（效益）来决定的。当事人（无论一般人或专业人士）能预见的事项，是对他而言，成本可堪负荷的范围（cost justifiable）。如果成本不堪负荷，长远来看当事人不会承担，不会是均衡。而由社会的角度，也不希望当事人承担过多的责任。因为，责任增加，耗费在注意力上的、有形无形的心力增加，对个人和社会而言，都应有一个适当的界限。

其次，国民车撞豪车的案例，凸显了交通"肇事者"这个概念的潜在问题。一旦国民车撞了豪车，如果根据交通肇事责任的鉴定，确认是由国民车肇事，那么，根据目前的司法思维，国民车就要承担起全部责任。至多，在实际赔偿时，可以看国民车车主的经济条件，作适当调整。然而，由经济分析的角度着眼，"肇事责任"可以更精细地分成两部分："肇事"和"责任"。撞车的部分是肇事，交通警察可以鉴定。但是，责任的部分，却涉及了豪车的价值。

豪车（和超级豪车），是新生事物；过去的牛马人力三轮车等等，价值相去不远，所以"肇事"和"责任"合在一起，成本可堪负荷。然而，随着豪车（不寻常的风险）逐渐出现，在某些特殊的情境里，把"肇事"和"责任"合在一起的成本愈来愈高，乃至于不堪负荷。这时候，在某些情况下（豪车被撞），让"肇事"和"责任"这两者脱钩，显然有益于一般驾驶人，也就是有益于社会。换句话说，当豪车的现象逐渐出现之后，"肇事责任"这个概念，值得重新作成本效益分析。运用哪一种概念，概念所涵盖的范围，都可以重新检验。这时候，论述所能依恃的显然不是道德哲学，而是平实晓白的经济分析。

关于交通肇事责任的问题，还可以由"可预见原则"再作引申。当豪车慢慢出现之后（例如，万分之一的车辆是豪车），一般人也都知道，这些奢侈的"玩具"有可能出现在某一个转角处。"事实上"可以预见（微小的概率），但是"法律上"值不值得纳入"可预见"的范围内呢？由"可预见"这个概念本身着手，显然帮助不大。由经济分析着手，一目了然。如果把（万分之一的）豪车纳入可预见的范围，一般驾驶人驾驶时必然提高警觉，速度放慢；如果不把豪车纳入可预见的范围，一般驾驶人在驾驶时，只要依正常的心力注意即可。从长远来看，哪一种对个人和社会较好，脉络非常清楚。至少，对于"可预见原则"，由成本效益的角度阐释可以添增更多的血肉，增加了这个概念的可操作性。

由"可预见原则"和"肇事责任"这两个例子，可以清楚地看出：法学里的概念，本身的性质和内涵是值得探讨的主题。而且，这还是一块处女地，充满了开垦和开花结果的各种可能。这个小的领域，可以标示为"（法学）概念的经济分析"（Economics of Legal Concepts）。在主题上，至少有两个明确的目标：一个法学概念，一旦稳定而成为法学（律）用语，主要的决定因素是什么？处理这个问题，呼应了探究"均衡"的支持条件。另一方面，这个法学概念的核心部分，可能众议相同；但是，在外围边界的部分，模糊地区何在，"界外"在哪里？要回答这个问题，显然不是靠更多的概念；因为，对于更多的概念，可以问同样的问题。相形之下，经济学的成本效益分析，不是诉诸抽象的理念，而是和现实生活中的血肉相联结。概念的基础，是真实世界，而不是法学家（或哲学家）脑海里灵光乍现的想象！

4. 结论

法学界，可以粗略地分为学院派和实务派两大阵营，分别以法学院和法院检察院为代表。对实务派而言，法官、检察官、律师、公安等，理论的重要性不强；能解决问题，会抓老鼠最重要。相形之下，建构理论，主要是学院派的兴趣和用力所在。

本章的性质，是在"实证法学—初探"的基础上，往前推进；是对理论的搭建和巩固。主要的目标有二：第一，逐步发展"实证法学理论"（A Positive Theory of Law），让法学理论的基础更稳固；第二，为法学教育提供材料，让莘莘学子能更轻松但深入地掌握法学理论。

本章进一步阐释，这个架构有三个层次的含义：第一个层次，由经济活动中，经济学者归纳出简洁的分析架构；对于各种经济活动／现象，都能一以贯之。理论的核心部分，已经成熟稳健。第二个层次，抽象来看，简单的分析架构，并没有和"经济"密不可分；也就是，这个架构可以一般化，用来探讨其他的社会现象，包括政治、社会、法律等。这个往外扩充的趋势，反映了经济分析的特质，也就是"社会科学之后"的由来。第三个层次，是针对法学，经济分析渗入和深入的程度，远超政治和社会这两个领域。因为法学和经济学这两个学科的特性使然，经济分析在法学领域有丰硕的成果，有以致之。而且，一旦把法学的诸多"概念"看成是均衡，就顺理成章地可以利用经济分析的架构，解读"法学概念"。这是新的研究领域，有待开垦，而且成果可期。

一言以蔽之，本章论点的主要贡献有两方面：一方面，在"初探"的基础上，继续建构"实证法学理论"，并且阐明经济分析的三个层次；另一方面，经济分析不只可以探讨"法律"问题，而且可以解读"法学"问题——对于法学概念，可以提出合情合理的分析，而且添增新的、有意义的体会！

参考文献

Cooter，Robert D.，and Thomas，Ulen，*Law and Economics*，6th edition，Upper Saddle River，NJ: Prentice Hall，2011.

Dworkin，Ronald，*Taking Rights Seriously*，Cambridge，MA: Harvard University Press，1978.

Posner，Richard A.，*Law*，*Pragmatism and Democracy*，Cambridge，MA: Harvard University Press，2005.

Sandel, Michael, *Justice: What's the Right Thing to Do*, London, UK: Penguin Books Ltd., 2010.

第十五章　法律经济学论述中的稻草人和影武者

1. 前言

　　无论是在大陆或台湾，这一章的题目都迥异于一般的论文。这一章的行文和论述方式，同样也和华人社会的法学论文相去甚远。那么，这一章值不值得认真对待？——《正视权利》(*Taking Rights Seriously*) 是法学家德沃金（R.Dworkin）的书，庶几近之！

　　这一章是有备而来、有的放矢，而且希望是言之有物。在性质上，这一章属于法理学的范围，更精确地说是方法论上的质疑和斟酌。内容分成两部分：指出目前论述中，一些明显的缺失（打稻草人这个假想敌）；而后，再提出替代方案（有意识地和影武者比画），希望能以衬托对照的方式，阐明较好、较有说服力，也较有趣的论述方式。

2. 名词解释：稻草人和影武者

无论在法学或经济学论述里，稻草人和影武者这两个名词几乎都绝无仅有。因此，往下论述之前，值得先作澄清，避免本文也变成堂吉诃德式的舞弄！

2.1 稻草人

稻草人，一言以蔽之，就是假想敌。引申的含义，就是论述时先设一个假想敌，然后对着假想敌进攻作战。堂吉诃德全副盔甲，对着稻草人（风车）冲杀；看来想来滑稽，在法学论述里却并不少见。对着假想敌（稻草人）作战时，声势浩大，雷霆万钧，气吞山河，舍我其谁；既然稻草人（风车）纹风不动，堂吉诃德自然是大获全胜，顾盼自得，好不威风。然而，稻草人或是不能还手，或是不愿还手，所以大胜特胜，只是精神胜利法；有点阿 Q、堂吉诃德式的悲壮和凄凉。

在文学作品里，这种场景激发和触动读者的心灵。在学术领域里，对着稻草人这个假想敌大肆厮杀，激情热闹，却意义有限。原因很简单：稻草人静止不动，以这种对手为敌很安全。其次，精神胜利法，表面上大获全胜，实质上没有功劳也没有苦劳，平白耗费心力时间，学术上没有增值（value-added）；智识上也没有往前进展，只是做了虚功而已！

2.2 影武者

影武者，是由日文翻译过来，在中文常用词汇里，似乎并

250

不多见。影武者是指日本战国时代武将、大名的替身；利用相似的面貌身形，穿着相同的服装，掩饰主人的生死行踪，希望能扰乱敌人的耳目。不过，在本文里，影武者有着不同的内涵。影武者，是对阵比画时，武者所面对的敌手。引申之后，是在练武时，自己脑海里想象有一个对手，正和自己过招。拳手练拳时，陪练挨打当沙包的是实体的影武者；演员演说家练台词时，假设面对台下聆听的来宾是虚拟的影武者。

对很多行业或作为来说，并不需要一个实体或虚拟的影武者。画家作曲家、司机小贩，在挥洒或工作时，脑海里不需要有影武者的概念。但是，对有些行业，却必须念兹在兹。譬如，服装设计师，必须揣摩现在消费者的口味好尚；软件工程师，必须想象市场趋势以及竞争对手的举措。对学术工作者而言，也是如此。

大体而言，学术是一种缓慢累积而持续发展的活动。同行在评估论文价值时，常问的是这篇论文增值（value-added）何在？作者在行文时，往往先回顾文献，明确指出自己论述的起点（point of departure）为何。增值和起点，都隐含前人已有的成果；前人的智慧结晶，是自己往前进展、贡献心血的影武者。即使是石破天惊、开辟新猷的典范转移（paradigm shift），也不是石头里蹦出的孙行者。现有的典范是揭开新篇章的基础，如果没有现存的典范，何以判断是否为新猷？

2.3 小结

前两小节的叙述，似乎界定了两种泾渭分明的人物。其实，不然。在描述或解释稻草人和影武者时，通常用类似或几乎一样的词汇：虚拟的对手，不存在的假想敌，靶子，等等。可见得，稻草人和影武者之间，可能只是非常微妙的一线之隔；非此即彼，非彼即此，甚至兼而有之，只是比重大小之别。然而，至少就学术工作而言，这两者之间还是有细致的差别。关键所在，还是在于得失：第一，对于自己而言有没有功劳或苦劳？第二，对于读者、听众、观众或业内同行而言，有没有添增新的、有意义的材料？下面几节，就利用真实的材料，希望反映稻草人和影武者的身影；两者之间区分如何，让证据来说话！

3. 稻草人：堂吉诃德的风车

在这一节里，将以引述法律经济学论述，具体说明论证中的稻草人。当然，和稻草人作战的论述很多，这里只是稍稍引述一二实例，而不是列举。

3.1 波斯纳的财富极大

无论中外，也无论在法学界或经济学界，波斯纳都是著述等身、呼风唤雨的重镇。他所提出财富极大的观点也广为人知。财富极大涉及的争议，文献上有很多讨论，正反都有。顾名思义，财富极大的论点之一，是在运用资源时，应该以"愿付价格"（willingness-to-pay）为据：谁愿意付的价格高，就让谁享

252

有运用资源的权利。对于这个观点，有位法律学者臧否如下：

在波斯纳看来，只有能够实际上拿出货币购买好处或者预防损失的人才有发言权。例如，对于一位几天没有吃饭的乞丐来说，获得一块面包的效用肯定很高，但因为他没有钱购买，所以面包就对他没有价值。波斯纳掩盖不了他政治上保守主义的意识形态：只有既得利益者才有可能是最珍视权利的人。显然，财富最大化不应该成为法律追求的目标。

他举的例子，很有启发性，但是用来否定财富极大，却颇有争议。波斯纳讨论财富极大时，是作一般性的论述，是经济学者常说的"其他条件不变"。如果其他条件改变，当然值得、也应该考虑其他（可能更为重要）的因素。当"快饿死的乞丐"这个因素出现时，这位学者会援用类似"紧急避难"的观念，难道睿智如波斯纳者，不会有同样的考虑吗？难道他会坚持，即使在这样特殊、极端的情形下，也要把资源（面包）给口袋里有钱的（富）人吗？长期来看，如果一个社会不能处理例外、特殊的情况，能有效增进社会的资源，符合财富极大的精神吗？这位学者的例子，可以说是误解了财富极大的精义，也大大低估了波斯纳的心智能力！

对波斯纳的财富极大提出批判的，所在多有。另一位法律学者的臧否，也可以稍作分析。虽然她引用的绝大部分是中文数据（包括译著和论文），但是广为涉猎，行文率直有力。关于财富极大，在名为《单向度或互动的法律经济学》和《当法律经济学"遭遇"中国问题》的文章里，她有几个论点，可以条列如下：第一，自 2000 年以来，波氏已经很少在论著里提到财富极大，可见得波氏本身都已经逐渐改变或放弃了立场；第二，利用财富极大的观念，无法有效处理大陆的吴梅案；第三，可见得，波氏的财富极大和经济分析，不适用中国大陆；第四，由此也可见，大陆法学界必须发展出适合自己的分析架构。

虽然这是相当简要的复述，却不难看出论证上的盲点和几乎是跳跃式的思维。

首先，众所周知，波斯纳才气纵横，笔下处理的问题，早已超过经济学和法学，近年来甚至以专著探讨反恐和国家安全等议题。"财富极大"这个概念，自 1979 年提出以来，历经辩难论对，相当程度上已是尘埃落定。极力反对的，还是大有人在；但是，用来思索和分析公共政策问题的，也所在多有。对于二三十年提出的概念（之一），波斯纳何须不断炒冷饭？江郎岂是才尽，不提难道就意味着自己也已弃守？

其次，吴梅案的解读，有许多种方式。由财富极大的角度，也可以适当阐释：现阶段在中国大陆，强调的是财产价值；长此以往，这种价值可能累积，进而转化成其他的价值（如对资源人权等）的尊重和追求。而且，即使在这个案件上，财富极大的身影有些模糊，怎么就能概括式地论定波氏乃至于经济分析不适用中国大陆。这种逻辑上的三级跳，令人眼界大开。还有，这位学者以波氏在芝加哥夏令营的"笔记"为材料，批评波氏的论述不严谨；文章的题目是《和波斯纳的越洋对话》。她用中文叙述，是自说自话，波氏又如何有"对话"的可能？如果波斯纳知道这位学者的严厉批评，很可能会面带无辜地扬声：法官女士阁下，我有话要说！

3.2 科斯定理

科斯定理，由科斯 1960 年的论文而来，是经济学里最知名的定理之一；这篇论文，是法学和经济学两个领域里，被引用次数最多的论文。然而，即使在国际学术界对科斯定理的论对早已汗牛充栋，在中文世界里，还是有不少概括式、一笔抹杀、一枪毙命式的文章。两个例子，略见其余。一位法政学者的题目，是《科斯定理的泡沫》；另一位法律学者的题目，则是《科斯命题的谬误》。题目都是豪气干云、气吞山河。在前者的网页上，还有"（欢迎）科斯和他的信徒们，来找我论对科斯定理的是非"等语，是"我不就山，山来就我"的架势！

学术论述不像一般柴米油盐酱醋茶，可以用尺秤立刻衡量，一目了然；而通常是由业内相关的专家，决定论述的质量。既然是由人的判断决定，当然有可能会犯错失误。这是学术活动的特性使然，无所谓好坏高下。相对于这两位学者的论断，以下各节提供不同的数据，作为衬托！

4. 布坎南：影武者之一

1987 年诺贝尔奖得主，公认是"公共选择"（public choice）

学派的创始人之一；他的全集，是厚厚数十册。即使年过八十，布氏还是清晨四时即起，工作勤奋。在许多人的心目中，布氏是思想上的巨人，也是他们心目中的偶像。对于布坎南如汪洋般的论述，我曾几度发表论文；其中有两个主题，值得稍作描述。

4.1 潜水艇防水舱

顾名思义，"统筹统支"是多处源头的水流向一个水库，再流向许多分支；"专款专用"来自固定的源头，流向固定的途径。传统的财政学理，推崇"统筹统支"，排斥"专款专用"。主要的原因，是专款专用的做法容易各自为政，破坏财政收支的整体考虑。

1960 年起，公共选择学派出现，对于专款专用这个主题，有了新的体会。当渺小的个人面对吞鲸式的政府（Levithan），如何自求多福呢？在两篇重要的论文里，诺贝尔奖得主布坎南和长期合作伙伴布伦南（Geoffrey Brennan），提出迥异于往昔的见解。他们认为，采取专款专用，民众知道钱用到哪里，反而比较愿意纳税付出。譬如，如果高速公路的道路费，采取专款专用，必须用在高速公路的铺设和维修；那么，为了取得过路费（官僚才能有漂亮的办公室和司机随扈等），政府会铺设高速公路。有了高速公路，民众才会开车出门上路，才会有道路费的收入。

经过研读数据和思索，我得到一些有趣的体会，也撰成论文。核心的观念，其实很简单：一艘潜水艇，通常隔成很多舱；

万一某个船舱进水，因为防水舱的设计，不致危及整艘潜艇安全。专款专用，就像防水舱；财务上择取这种独立自主的做法，万一某款项被误用滥用，不会危及其他公共支出。譬如，假设全民健保的财务专款专用，政府不提供任何补贴，让全民健保自负盈亏；自负成败之责，似乎增加风险。事实上，如果财务自主，没有政府这个老大哥为后盾，没有深口袋，反而容易财务健全；因为无所依恃，退无死所。

论文经过投稿审查刊出之后，我刚好能和布伦南通信，就寄了一份请他参考。没想到，他回信表示，他看过这篇论文，而且觉得，我提出"防弊"的观点，比他和布坎南"兴利"的看法，更符合公共选择学派对"吞鲸"的态度！

4.2 逆式公地

经济学里，公地悲剧（tragedy of the commons）的概念广为人知。法律学者海勒，根据在莫斯科观察所得，提出"逆式公地"（anti-commons）的概念——某一财产，同时为多人持有；对于运用资源的方式，人人都有否决权。结果，多个和尚没水喝，资源经常处于弃置或不效率的状态里。这种情形，刚好和"公地"（人人可用资源）相反，约略可以称为"逆式公地"（人人用不到资源）。

2000 年，布氏已经八十高龄，和一位韩籍经济学者，联名在重要期刊发表论文，提出第一个数学模型，严谨地分析"逆式公地"。关于"逆式公地"的讨论，至今已有数百篇，在探讨"逆式公地"的文献里，他们的论文具有里程碑的地位。他

257

们率先提出具体模型，论证"公地"和"逆式公地"的对称性。然而，我在论文中指出，他们文中所提出的模型，主要是观念上的论对，在现实社会里不容易想象。而且，分析"公地"和"逆式公地"的模型时，如果利用《众论》（*The Calculus of Consent*，1962）这本经典著作里的架构，将更为真实、更有说服力。

5. 科斯：影武者之二

1991 年诺贝尔奖得主科斯，和布坎南有诸多相同相异之处。譬如，相同之处：都是以文字叙述为主，很少用到数学；影响都超出经济学者，布氏的公共选择是政治，科斯的法律经济是法学。相异之处：布氏积极希望影响政治科学，而科斯关注的一直是经济学；布氏强调主观价值，而科斯着重客观价值。对于科斯，在分析方法和研究主题上，我都曾发表多篇论文。

5.1 研究主题

科斯 1960 年的论文，提出"零交易成本"的概念，有点抽象难懂。阿罗（Kenneth Arrow）认为"零交易成本的世界"，就像"零摩擦力的真空"一样。可是，真空是物理现象，确实存在；人世间的交易成本为零，如何想象呢？有一天我坐大巴，看到高速公路旁的稻田和猪圈，脑中灵光一闪，想通了：如果稻田和猪圈是同一个主人所有，自己和自己对话，没有成本，就是零交易成本。

后来看到斯蒂格勒（George Stigler）早年的一篇论文，有同样的说法；当时心里一阵涟漪，颇有"所见略同"的情怀。在另外一篇论文里，我引用斯氏的作品；没想到，波斯纳看后表示，早在1972年，就有学者提出"单一主人"的概念，阐释零交易成本的世界。我找出论文一看，发现用的例子不是稻田和猪圈，而是机场和附近的居民。机场起降的噪音，会影响附近的居民，两者之间权益重叠而冲突。可是，如果附近的居民同时拥有机场，他们自己和自己对话，就能找出最好的安排。譬如，错开飞机起降和居民作息的时间。几年之后，我援用"单一主人"的概念，论述台海两岸的冲突：在抽象的层次上，中华文化同时拥有台湾和大陆；因此，化解两岸冲突的方式，最好由中华文化（单一主人）的角度思索！

5.2 分析方法

在众多诺贝尔奖得主里，科斯论数学比不上阿罗或萨缪尔森（Paul Samuelson）；论诙谐机智，他比不上斯蒂格勒或西蒙（Herbert Simon）；论作品的数量，他很可能要敬陪末座。然而，他是大师中的大师，以"经济学界的巨人"来描述他，一点儿都不为过。他在1937年和1960年发表的两篇论文，分别引发了两个重要的领域：产业组织和法律经济学。虽然他早登耄耋，但依然耳聪目明，心思敏锐。近年来除了参加/主持研讨会，还提笔上阵，为40多年前的论文辩驳。他于1991年得奖后不久，就有以《科斯》为名的博士学位论文出版成书。对于他的生平和论述，书中有巨细靡遗的记录；但是对于他的分析方法，却模糊带过。1993 年，科斯的畏友波斯纳发表论文，名为《科斯和方法论》（*Ronald Coase and Methodology*），寓贬于褒，认为科斯不懂当代经济学的语言——数学；可是，对于分析方法，还是敲敲边鼓而已。

由阅读和思索中，我发现他所采取的分析方法，其实非常简单，就是先标出一个"基准点"，再作比较和申论。这种分析技巧，可以称为"基准点／比较分析法"（benchmark-and-comparison approach），并且撰成论文。我把论文寄给波氏，他回信直称为"基准点分析法"（benchmark approach）；同时表示，没想到科斯的分析方法这么简单明确。波斯纳很好奇，科斯的"基准点分析法"到底由何而来。我把发表的多篇论文，寄给科斯请益，并且提出大哉问。2000 年 12 月 30 日，刚过九十大寿的科斯亲笔回信。关于分析方法的问题，他表示："在分析上，我从不有意识地采取某种特定的立场，只是以我认为适当的方式论述。"也许，科斯不自觉自己的分析方式受到谁的影响；也许，基准点和比较的技巧，本来就是人人可用的简洁方式。真相是什么，在交易成本不为零的真实世界里，有谁知道？

6. 引申讨论

前面四节的内容，先是界定稻草人和影武者，而后是以实例阐明论述时的稻草人和影武者。这一节里，将略作整理和归纳，希望能提炼出较深刻的意义和启示。

6.1 意义

稻草人和影武者的论述，虽然可能只是一线之隔，然而，仔细琢磨，还是有几点微妙但显著的差异。

首先，无论是稻草人或影武者，都是论述时的靶子。所以，对于靶子（批判的对象或论述的起点），不可避免地要简化和总结。而且，既然是靶子，这种简化和归纳，也就几乎必然是稍稍极端，甚至是有某种程度的扭曲的；对于原著的引述，通常不是中正和平、温良恭俭让，而是调侃、讪笑、奚落，或者无所不用其极地诋毁。然而，在程度上，还是有相当的差别。稻草人式的论述，通常运用许多价值判断的字眼。相形之下，影武者式的论述，重点是标明论述的起点，所以较少价值判断，较多中性的叙述。

其次，稻草人式的论述，结论早已断定，就是摽倒假想敌。推论的过程和论证，往往只是仪式和模样而已。文章的重点和作者的用力所在，通常就是舍我其谁、论英雄还看今朝的结论。相形之下，影武者只是探讨的起点，提供论述的背景，也衬托作者增值的基础；因此，行文遣字，通常不会激越煽情。即使是批判缺失，因为论述有据，也无须加过多的调味料。科斯两

261

篇论文的题目，就可以反映一斑：《商品的市场和言论的市场》（"The Market for Goods and the Market for Ideas"），以商品市场为基础，烘托言论市场的性质；《经济学里的灯塔》（"The Lighthouse in Economics"），指明诺贝尔奖得主萨缪尔森等，不顾史实、教科书式、想当然耳式论述的缺失，篇名还是双关语——灯塔应该是指引迷津的，经济学里的灯塔却反而让人误入歧途！

最后，和稻草人作战，既然面对的是假想敌，而且已有结论，论述时往往是自说自话；抓住只字词组、大张旗鼓，对于相关的资料，特别是原文文献，掌握得脆弱甚至不足。相比之下，和影武者比画，重要的是往前推进，对于相关文献掌握精确，才能凸显出发点（影武者的位置）和自己的贡献。这也就是为什么审查稿件时，期刊编辑往往先看参考文献；请匿名评审时，也经常请文献中的作者。对于波斯纳和科斯的纠葛，经济学方法论著名学者 Mäki 曾经发表一文，名为《批驳波斯纳批驳科斯批驳理论》（"Against Posner against Coase against Theory"）。文中提到，自己计较的也许是毫发之别（hair-splitting difference）；其余姑且不论，能掌握和论证到毫发之差，可见功力。这是在和影武者过招，而且乐在其中。

6.2 启示

稍稍琢磨影武者和稻草人这种划分，以及前面所举的实例，也许可以提炼出一些启示，甚至是一点智能结晶！

第一，在中国的传统文化里，知识分子和文人几乎是同义

262

词；知识主要是指史地文哲的典籍，会读书会写文章，也几乎就隐含着能做事，可以领导统御。《古文观止》里，多的是掷地有声的美文。这种传统延续到今天，至少在社会科学里，特别是政治、社会和法律等学科，还依稀可见。学术论著里往往有浓厚的"策论"和"奏议"性质，分析的成分有限，而作者个人的观点信念和价值判断，却充斥弥漫。在稻草人式的论述里，这种倾向特别明显。

第二，和第一点相关，但不完全一致。在自然科学里，几乎已经形成相当程度的"普适价值"，物理就是物理，数学就是数学，不会有所谓的"美国本土的数学"，或"适合中国国情的化学"。然而，在社会科学里，却依然不时有这种呼吁或期许。科学通常可以由两方面来界定：研究主题（subject matter）和分析方法（analytical approach）。在"研究主题"上，大陆法学界和经济学界所探讨的，当然和美日英德等国不同。然而，在"分析方法"上，却援用几乎是大同小异的工具（概念）。稻草人式的论述，强调发展适合自己、有中国特色的法学或经济学（分析方法），不但和学术发展背道而驰，而且令人联想到清末的义和团，几乎今夕何夕的困惑和担忧。

第三，外行的看热闹，内行的看门道。稻草人式的论述，往往热闹有余，精彩不足；除了快意泯恩仇式的宣泄情怀、自我感觉舒适之外，对自己或对学术进展都增值不大。相形之下，影武者式的论述，在架势声势气势上，可能都相形见绌。然而，就学术活动而言，却是步步为营，谨小慎微地往前移动。和稻草人作战，身段耀眼夺目，但很可能就是如浪花一般，一闪而逝；和影武者比画，招式中规中矩，很可能就像海滩上的一粒沙，可以聚沙而成高塔！

7. 结论

这篇文章的性质、内容和行文方式，可能都和中文世界里的"学术论文"有段距离。文中对某些法律学者论述的质疑，可能本身就是在对稻草人挥拳，在对风车冲杀。如同前面所提到的，评估论述，没有尺秤等度量衡，一目即可了然。好坏高下，是不是有一得之愚，让证据说话；而证据的质量如何，让陪审团（业内同行）来裁决！

在性质上，本文可以看成是由另一个学科（经济分析）对法律经济学，提出的一种质疑或提醒，也可以看成是一种反思或自省。在结束时，还可以再引述布坎南和科斯，除了反映影武者的论证之外，也希望在经济和法学思想史上，留下一点逸闻。关于这两位诺贝尔奖得主的论述，十余年前我曾两度撰文阐释。没想到，十余年后，当我由经济系进入法学院任职，在探讨民法的物权债权区分时，竟然又发现这两位学术重镇之间的关联。这种智识探索上的曲折，确实有峰回路转、柳暗花明又一村的趣味。

多年前，我曾半开玩笑半认真地，提笔写下一个真理方程式：

（社会科学的）真理＝布坎南 × 科斯 × 斯蒂格勒。

前面两位，是因为究天人之际，追究到最基本的主观价值和客观价值；第三位，是因为才情智识过人，为社会科学（研究者）带来独特的机智和情趣。因缘际会，我曾和许多同行／朋友分享这个真理方程式，其中两位是兰达教授（Janet Landa）——《生物经济学论丛》的创刊主编（Journal of Bioeconomics）、和科斯是多年好友；布伦南教授（H.Geoffrey Brennan）——《财政学论丛》（*Public Finance Review*）的主编、布坎南的得意门生之一。对于这个真理方程式，两位都大表赞同；而且，都亲口保证，下次和科斯及布坎南碰面时，一定会当面告诉他们这个真理方程式。当然，给布坎南的版本是：

真理＝布坎南 × 科斯 × 斯蒂格勒。

而给科斯的版本是：

真理＝科斯 × 布坎南 × 斯蒂格勒。

真理的内容或许不分轩轾，呈现真理的方程式却未必只有一种！对于我来说，透过科斯和布坎南的论述，我体会到社会科学智识的深邃；透过臧否他们两位的思维，我也享受了站在巨人肩膀上辽阔的视野。自始至终，他们都不是稻草人，而是不折不扣的影武者！

参考文献

Baxter, W.F., and Altree, L.R., "Legal Aspects of Airport Noise", *Journal of Law and Economics*, 15（1）: 1-113, 1972.

Buchanan, James M., "Rights, Efficiency, and Exchange: The Irrelevance of Transaction Cost", in M.Neumann, ed., *Anspruche, Eigentums-und Verfugungsrechte*, 9-24, Berlin: Duncker und Humblot, 1984.

Hsiung, Bingyuan, "A Methodological Comparison of Ronald Coase and Gary Becker", *American Law and Economics Review*, 3（1）: 186-198, 2001.

Posner, Richard A., "Utilitarianism, Economics, and Legal Theory", *Journal of Legal Studies*, 8（1）: 103-140, 1979.

第十六章 "专款专用"和经济理论

1. 前言

科斯曾经表示，界定一个学科的方式有两种：以"研究主题"（the subject matter）的方式界定，或以"研究方法"（the analytical approach）的方式界定。基于这种划分，本章希望达成两项目标：第一，在研究主题上，为"专款专用"这个主题添增新的智能；第二，在研究方法上，由"专款专用"的讨论中，提炼出一般经济论述的适则。

具体而言，"专款专用"是在预算程序上处理收支问题的一种特殊方式。"指定用途税收""使用者付费""目的税"等，是其他常用的名词，但指的是同一种观念，也就是"把某些特定来源的税收，用于某些特定用途的公共支出上"。传统的财政学者普遍地认为"专款专用"不是一种好的安排；布坎南首先对这种看法提出质疑，因而引发一连串的讨论。

在这章里，我将尝试由"专款专用"这个预算程序上具体的做法出发，先把专款专用的问题和其他的经济理论结合在一起；然后，希望能进一步地延伸并触及经济学最核心的观念。

2. 专款专用的理论背景

2.1 传统的见解和争议

早期的财政学者普遍地反对"专款专用"的做法，反对的理由主要是从预算调度的角度来考虑。"专款专用"表示预算项目之间彼此独立，不能互通有无。这不但对个别支出项目不好，因为支出水平会受到税收起伏的影响；对预算整体而言也不好，因为项目之间不能截长补短。而且，某些支出项目具有"殊价财"（merit goods）的性质，像基础教育、科技文化发展等。这些项目虽然很值得投资，但在提供这些公共支出的初期，不可能有充裕的税收自给自足；因此，必须靠其他税收支应，而这当然要借"统收统支"的做法来灵活运用。

布坎南在 1965 年发表的论文，对于传统"统收统支"的观点提出直接而深刻的批评。这章也成为日后讨论"专款专用"问题时所引用的经典之一，论文里的主要论点如下。

第一，布坎南认为，传统上对"统收统支"的看法都是从规划预算者的角度来看问题，而且，这个规划和决定预算的单位是独立（隔绝）于社会大众之外的。可是，虽然预算的草稿也许确实由行政单位拟定，预算的功能却是在决定"支出"和"税入"的内容。既然支出和税入最后的目的，都还是在满足社会大众的需要；因此，在考虑预算的基本结构时，就应该从选民的角度来思考；因为，追根究底，公部门的所有作为还是由选民来决定。如果从选民的角度出发，认为"专款专用"较好，那么传统上以政府决策者的观点所认定"统收统支"的做法就值得斟酌调整。

布坎南的第二个主要观点，是对"专款专用"作较广义的解释。一般在讨论"专款专用"时，都认为这是指"特定收入用于特定用途"的做法。可是，事实上，有一些制度上的安排也发挥了"专款专用"的功能。例如，在美国，有些地方性的学区、消防区等是独立于行政体系之外，拥有法定的自主权。由区内居民所组成的自治团体可以对区内的民众课税（主要是财产税），然后以税入提供教育、消防之类的公共服务。

布坎南的第三个论点是全文的重点，他以两个支出项目为例，说明他对"统收统支"的批评。在统收统支的做法下，选民只能对"总支出水平"投票，而不能进一步地选择各个项目个别的支出水平。但是，在"专款专用"的做法下，选民可以分别对两个支出项目投票取舍。在偶然（特殊）的情形下，两种表决会有一样的结果。但是，一般而言，两种结果并不一样。而和前面的做法相比，分开表决当然能更精确细致地反映并满足选民的偏好。这个观念可以用一个日常生活的例子来反映：如果国产啤酒和进口啤酒以某种比例搭配销售，消费者在选择时会明显地受到限制；这当然比不上让消费者自由地分别选择国产啤酒和进口啤酒来得好。

2.2 公共选择里的讨论

在 1976 年发表的论文里，布坎南提出两个很重要、很有启发性的观点，也为"专款专用"理论开展了新的思想之旅。他认为，一般在讨论财税问题时往往是把租税和支出分开，然后设法求出"最适租税结构"或"最适税率"。这么做的前提是有一个明确的"社会福利函数"，然后再求这个目标函数的极大值。可是，这种观点忽略了一个很基本的问题：为什么要有税收？如果不是为了能得到公共支出，民主社会里的个人为什么会缴税？因此，他认为在讨论问题时，必须把租税和支出合在一起讨论。

其次，既然要把租税和支出放在一起考虑，就应该进一步地探究这两种决定是透过哪一种"过程"而决定的。在民主社会里，显然不是由一位"仁君"或"独裁者"一意孤行，而是透过政治过程里的代议制而决定。因此，在考虑租税和支出的问题时，不能忽略政治过程的特性。

布坎南认为政治过程的本质是"交换"：社会成员付出税负以换取各种公共支出，这是一种交换；此外，社会成员付税以换取其他社会成员也付税，这是另一种"交换"。因此，交换的主体是在社会成员和成员之间，而不是在社会成员和政府之间；政府，只不过是社会成员的"代理人"而已。

和市场里的"交换"一样，透过政治过程所进行的"交换"

也是一种契约性的安排。而且，政治过程里的契约性安排有两种：一是宪政层次的规章；二是宪政运作下的一般性决策。因为政治过程里必然有利益集团争取特别待遇（享受特别的支出项目或税负上有特别优惠），因此，"宪章"的功能就在于保障所有的人都不至于受到差别待遇。

在1977和1978的两篇论文里，布伦南（Geoffrey Brennan）和布坎南讨论的焦点变成个人和政府之间的相对关系：为了能有效地保障个人福祉不受政府过分的侵犯，在签订基本规章时，签约者（个人）会有意地作一些特殊的规划。这个推论过程，可以简单地归纳如下：当个人在"无知之幕"（veil of ignorance）的后面规划基本规章时，虽然知道将来社会上的所得、才能、智慧、财富等的分布会是如何，但却不清楚自己是在这些分布的哪一个点上。所以，在分析签约的问题时，可以针对一个"代表性"的个人，以他的考虑为考虑。

这个代表性的个人意识到签订的规章是"宪章"，这个"宪章"会在相当长的一段时间里发挥功能而不会更动。他也知道要处理经常性的事务一定会有常设性的机构，也就是会有"政府"出现。既然个人将来会是一盘散沙，宪章又赋予政府司法惩戒的权力，而且，一旦布幕掀起，宪章开始运作，"政府"的作为就会对"个人"的福祉产生深远的影响，因此，在实际运作阶段"政府"的性（特）质如何，会影响到"个人"在制宪阶段所预作的安排。"政府"的行为特质到底如何，是一种判断，而且需要由实证数据来验证。布坎南和布伦南认为，"政府会追求预算极大"这个描述，能相当准确地反映政府的实际作为。

这是因为政府主要是由行政官僚所维（把）持；这些行政官僚当然希望自己能掌握更多的僚属，有更漂亮的办公室，有更多的预算可以运用。而且，经年累月在行政体系里，他们当然比经常改选替换的议员更清楚行政体系，因此也就能使预算在名目或实质上持续地扩充。

如果政府会变成贪得无厌的"吞鲸"（Leviathan），那么在制宪阶段，这些签约的个人就会预作一些制度性的安排，以保障自己在行宪之后的福祉。

在最基本的政府权限上，先规范政府有权处理事务的范围，也就是限制政府不能介入某些活动。这样就可以减少政府预算扩充的途径。其次，对于层级式行政组织的权限作明确的规范。中央政府和地方政府各有权责，这样可以使各级政府无法借由扩充业务范围侵入其他政府权责而增编预算。此外，地方政府权责明确也有助于彼此之间的竞争，对于政府行事效率也有制衡的功能。

在具体的税负方面，如果容许政府能对所有的税基课税，等于是让政府课税权力可以无止境地膨胀。因此，在制宪阶段，个人为保障自己未来的福祉，反而会赞成较狭隘的税基。这和一般财政学者赞成课税基础应该尽可能的广泛，可以说是很不一样的观点。

除了限制税基之外，更可以进一步把税负和支出联结在一起。也就是采取专款专用的做法。这么做有两层意义：一是个人/纳税者可以较明确地知道自己缴纳的税被用到哪里去；另一层意义是为了要达到以专款专用来保障个人的这个目的，最好让

272

特定用途的公共支出和个人缴纳的税负之间有"互补"的关系。即使政府追求预算最大，但为了能取得税入，在专款专用的规则下，不得不提供某种水平的公共财，否则就课不到税。譬如，如果在宪章里规定汽油燃料税只能用来铺设和维护公路，而不能用来作为其他用途，那么，政府为了能取得税入，就不得不提供一些公路设施，使公民有意愿去买汽车和消费汽油。借着这种方式，公民起码可以得到某些公共服务，而不致让所缴的税全被吞鲸所浪费掉。

2.3 防水舱理论

我在论文里，提出异于布伦南和布坎南的观点。他们两位认为，借着专款专用，民众起码可以在某个支出项目上得到某种水平的公共服务。我的看法是，面对吞鲸般的政府，个人／选民可能更担心在一个支出项目上的浪费和缺失会扩充到其他的部门。因此，"专款专用"的做法就有点像潜水艇防水舱的功能，让一个地方的缺失不致扩散而影响到整艘潜艇的安危。对于像全民健保、社会福利措施这些支出在预算上应该如何安排，防水舱的观点显然有相当的说服力。

2.4 小结

在这一节里，我回顾了有关"专款专用"在理论上的发展。其中，几个关键性的转折值得再强调一次。首先，是布坎南1965年的论文；这篇文章把政治过程的特性纳入分析，扩充了经济学者对"专款专用"性质的认知。其次，是布坎南和布伦南所发表的两篇论文，把论对的水平提升到宪章层次；个人在"无知之幕"后面规划宪章时，可能会采取"专款专用"的做法以求"自利"。我的潜水艇防水舱观点，可以说呼应了布坎南和布伦南的两篇论文：一方面反映了民主国家政府支出日益扩充，个人寻求"自保"的考虑；另一方面也为"专款专用"的理论补上原有的间隙。

3. 相关的理论

3.1 选择情绪的特征

根据多年的研究，弗兰克（Robert Frank）在 1988 年出版了一本结合心理学和经济学的专书，探讨人类各种情绪的由来。弗兰克认为，人类的各种情绪都各有其功能。以"诚实"这个情感上的特质为例，书里提出一个很有趣的问题：人为什么要诚实？诚实有什么好处？弗兰克的解释很简单明白：如果这个世界上每个人都拥有充分的信息，都知道别人葫芦里卖的是什么药，都懂得别人的心，那么，诚实与否的问题根本不存在——因为每个人都知道彼此的心事，所以在交往时不可能不诚实。因此，只有当"信息不完整"的时候，诚实的特质才有其作用；也就是说，诚实这种特质的作用，是在纾解信息不完整对人际交往（交易）所造成的困扰。

当信息有缺憾，而人际交往（交易）变得愈来愈频仍时，一个诚实的人自然比较容易得到别人的信任。因此，和不诚实的人相比，诚实的人就有比较多缔约获利的机会。长此以往，在人生的竞赛里，诚实的人就有比较强的竞争力，比较容易出人头地。

可是，问题当然不是这么单纯，每个人都可以声称"我是诚实的、相信我"。所以，诚实的这个特质必须和某种外在的行为特质联结在一起，才能成为取信他人的佐证。而情绪上的某些征候就刚好能发挥这种功能：如果哪一个人讲谎话时会脸红、会眨眼，或会汗流满面，而且别人都知道他的这种特性，那么，当他讲话没有脸红、没有眨眼、没有流汗时，就表示他讲的是实话、值得信任。因此，情绪上的特征有释放信号、传递信息的功能，而这些生理上的特征值得广为其他人所知。

然而，弗兰克认为，即使让每个人自由选择，也不见得所有的人都会选择做个诚实的人。这是因为那些生理上的特征一旦形成，很可能就成为一种情绪上很自然的反应，而不是能由人收发自如。譬如，真正诚实的人即使撒点并无恶意的小谎（不客气，我吃过饭了；家里有事，不能去应酬）也会脸红。可是，这事实上会给自己和别人带来困扰——小谎会让别人察觉，不撒谎又造成自己的不便。所以，权衡取舍，也许大部分的人都不愿意让自己变成一个硬邦邦的"乖宝宝"；大部分的人变得世故、老成、持重，真是有以致之。然而，对那些少数一以贯之的"老实人"而言，一旦建立了"诚实可靠"的信誉，他（她）等于是为自己积累了一份可贵的资产，一份利己而且利人的资产。当然，毋庸置疑的是，社会上这种人愈多，大家的日子就会过得愈好。

弗兰克的理论可以说是把经济学的理性分析架构（the rational choice model）推展到新的领域：过去大家都认为情绪（特征）是天生的，是生物性因素所决定的，但是，弗兰克指出，情绪上的特征可能是由人在有意识或无意识下所选择的。除了这一点理论上的贡献之外，弗兰克的观点还隐含两点重要的启示：第一，情绪上的某种特征在本质上是一种"规则"，可以作为一个人在行为上遵循依恃的准则；第二，"规则"隐含着规律性，但是同时也意味着僵固性，所以规则有正面的功能，也同时会产生负面的效果。

3.2 制度的意义

诺贝尔奖得主诺斯强调"制度"这个分析性概念，不但为经济史的研究注入新意，而且事实上能够更完整、深入地阐释经济史。诺斯的观点可以归纳成两点：第一，制度是重要的（Institutions matter）；第二，历史是有意义的（History matters）。

我可以稍作说明：首先，既然制度可以定义成是一套"游戏规则"（rules of the game），那么在研究和分析人类的活动时，当然不能忽略掉影响、约束、规范、限制人类活动的"规则"。诺斯指出，在经济活动最活络、利益追逐最激烈的主要证券和期货交易所里（如纽约股市和芝加哥期货市场），事实上是规则最严谨周密的地方。因此，在分析人类（经济）活动时，经济学家不能忽略作为行为"背景"（back-drop）的制度——制度是重要的！

其次，制度既然是人类活动的游戏规则，对一个社会而言，当然会影响到这个社会的人们在经济政治等活动上所能实现、追求和成就的可能性，也自然会影响到这个社会发展的轨迹。好的游戏规则，会使一个社会步上繁荣富庶的坦途；不好的游戏规则，会使一个社会停留在原地打转，甚至走向倾颓危亡的末路。因此，人类活动的意义，必须放在时空的脉流中才能有完整的评估——历史是有意义的！

关于诺斯的这两个观点，还可以作进一步的解释。首先，制度这个游戏规则，并不是能凭空而存的；制度能发挥作用，需要其他条件的支持。对整个社会而言，所有的游戏规则构成一个复杂周密的"制度矩阵"（institutional matrix）。各个单独的（小）制度只是这个制度矩阵上的一环；一方面支持了这整个矩阵，一方面也得到矩阵上其他环节的支持。

其次，放在时间的脉流中来看，制度矩阵会受到人行为的影响而变迁，但同时当然也会影响人的行为。长期而言，制度矩阵的特性会产生"闭锁效果"（lock-in effect）：社会一旦步上某一发展的轨迹，很可能会持续相当长的一段时间——几十年或几百年。一旦锁定在特定的轨迹上，这个社会就会享受（或承担）这个特定轨迹的利益（或弊端）；但是，锁定在某个特定的轨迹上也意味着，这个社会不能尝试许许多多其他可能的轨迹。

3.3 相对绝对的绝对

"理性的无知"（rational ignorance）已经是政治学里通用的

名词之一，而这种现象由经济学的角度来阐释最能一针见血。在政治过程里，一个渺小个人的选票和声音要影响选举结果，概率可以说是微乎其微；自己的付出要由自己单独承担成本，而别人刚好坐享其成（free-ride）。因此，人同此心、心同此理的结果，是相当多的人都会"理性"地选择使自己成为"无知"的状态——这完全是基于个人合情合理的判断和取舍！

布坎南后来的论文，为"理性的无知"添增了一点新的慧见，他提出"理性（选择下）的有限理性"（rationally bounded rationality）。脆弱渺小的个人，不仅会在政治过程里画地自限，在更根本的层次上，人还会有意识地、理性地选择自己有多少的理性。既然"理性"（rationality）是人对于事物和现象所隐含因果关系的一种认知、评估、琢磨、取舍的过程，这个过程的精细粗糙当然就意味着不同程度心血精神的付出，因此，聪明的人显然会有意无意地先选择自己到底要花费多少的心思。譬如，中午要在哪里吃饭，随兴所至；毕业后要就业或升学，沉着再三。因此，人所选择的，不只是表现于外的行为，而是包括了内在的思维判断。

布坎南"理性（选择下）的有限理性"的观点，刚好呼应了他稍早所提出的"相对绝对的绝对"（relatively absolute absolutes）的见解：为了自求多福，一个人会有意无意地为自己立下一些"规则"（每天跑步、不说脏话等）；在许多大小规则之间，当然有宽松紧严的分别；不过，即使是最严格、最绝对的规则，也是一种"条件式"的限制（conditional constraint）；当环境里主客观的条件改变时，也就值得重新评估各种规则是否合宜。

一个人的世界是如此，众人的世界更是如此。在"规则"的这个"光谱"（spectrum）上，习惯、风俗、家法、行规、命令、一般法律、宪法可以看成是位置不同的点；这些点反映了由松到紧、由地域性到一般性，各种程度不同的"绝对性"。但是，所有的"绝对"，都是相对绝对的绝对——即使是最僵硬、庄严、凝重的宪法，也只是"相对绝对的绝对"；随着时空的递移，一个社会可以而且应该试着调整宪政规章，以因应环境的变迁。

很明显，布坎南所提出的"理性（选择下）的有限理性"和"相对绝对的绝对"这两个观念，不但彼此呼应，与弗兰克的情绪特征和诺斯的制度之间，可以说也是彼此相通：人会理性地选择自己要有多少的理性，就像人会理性地选择自己要多诚实；制度是游戏规则，法规和宪章当然也是游戏规则！

3.4 规则和权衡

在总体经济学里，政府在规划货币政策时，到底是应该采取"规则"（rules）或是"权衡"（discretion），这一直是经济学家们争议不休的问题；而基德兰德（Finn E.Kydland）和普雷斯科特（Edward C.Prescott）的论文也精致地呈现出这项争论的焦点所在。

在最粗浅的层次上，规则和权衡之争是针对这两种政策在执行上的难易以及在效果上的好坏。每年货币成长5%的规则很容易执行，权衡式的操作需要不断地收集相关的信息，而且，权衡式的调整可能太迟或太快、太弱或太猛。其次，由动态的角度（dynamic aspect）来看，这两种做法对社会大众心理和行为的影响也不一样：规则式的做法使人们对未来的预期很稳定，在行为上也就能因应配合；权衡式的做法使人们对未来一直保持观望迟疑的心情，在行为上也就无所遵循。

不过，更深一层的考虑是，规则和权衡的好坏高下并不是必然的；在不同的时空条件下，这两种做法的效果其实是各擅胜场。当然，更深刻的问题是：既然这两种做法各有高下得失，那么影响高下得失的是哪些因素？还有，抽象地看，"权衡"也是一种行为上的"规则"；在使用"规则"和"权衡"这两种（和其他的）规则时，如何评估好坏？

3.5 小结

在这一节里，我列出四个来自不同领域的观点（弗兰克的"情绪特征"属于个体经济学，诺斯的"制度"属于制度经济学，布坎南的"相对绝对的绝对"属于公共选择，基德兰德和普雷斯科特的"规则和权衡"属于总体经济学），并且勾勒出这些观点的主要内涵。在下一节里，我将结合这一节的内容和前一节有关专款专用的背景材料；然后，一方面提出整合性的阐释，另一方面把这种阐释推向经济学的核心观念。

4. 专款专用和经济理论

在这一节里，我将对前两节的内容提出整合性的分析；然后，再进一步地阐释这种整合性的观点和经济学核心观念之间的关联。不过，让我先简单精要地归纳出前两节的主要论点。

4.1 专款专用和相关理论

关于专款专用的讨论，主要是集中在比较"专款专用"和"统收统支"之间的高下优劣。传统的见解纯粹是从"经济效率"的观点着眼；布坎南以及他和布伦南的论述挣脱这种见解的束缚，而把"政治过程"的特性纳入分析。一旦把政治过程这个因素纳入分析，选举代议、行政官僚等的特性可能就变成主要的考虑。

布坎南和布伦南关于专款专用的慧见，主要有两点：第一，统收统支隐含选民只有一次表达偏好的机会（投票或代议决定统收统支的规模）；但是，专款专用表示选民可以针对各个专款专用的项目表达偏好，这种做法显然能更精致，也更有效地反映选民的好恶。第二，采取专款专用的做法，使选民可以由"专款"中得到某种起码水平的服务；这是作茧自缚的正面意义。我的论文指出，采取专款专用的做法不只能积极地发挥正面的功能，而且可以具有防弊的作用：某个支出项目上的亏损不致影响到其他的支出项目。关于专款专用，布坎南和布伦南以及我的见解，可以说是彼此互补，各有所得。

在上一小节里所介绍的四种观点（弗兰克、诺斯、布坎南、基德兰德和普雷斯科特），虽然来自经济学里不同的领域，但在本质上却有相通之处：为了追求自身的福祉，人（们）会发展出各式各样的"工具"；借着这些工具所发挥的功能，人（们）希望能有效地因应处理人和环境以及人和人之间的问题。

4.2 整合

借着第 3 节"相关理论"的烘托，可以更清楚地掌握"专款专用"问题的性质。我可以依次列出专款专用和相关理论这两者之间的关联：

首先，"专款专用"或"统收统支"都隐含着一种规则，也就是一种制度。所以，"专款专用"和"统收统支"之间的取舍，可以较广泛地看成是两种规则或两种制度之间的取舍。

其次，"专款专用"和"统收统支"这两种规则（制度）中，只是众多可能规则（制度）的两种而已。在规则（制度）的"光谱"（spectrum）上，由左到右有无数的点，也就代表着千百种可能性。因此，"专款专用"和"统收统支"只是规则（制度）光谱上的两个点；这两点可以作为思索琢磨时的"参考点"（reference point）。在斟酌取舍的时候，除了这两个具体的参考点之外，值得联想到光谱上其他的点，也就是其他的可能性。

再次，一种规则（制度）的特性和价值，并不容易在一时一地上简单明白地判定。由诺斯对制度和经济史的研究可以看出，制度的好坏（对社会兴亡的影响）只有在长期才会明确地显现。因此，"专款专用"和"统收统支"孰优孰劣——即使考虑了政治过程的特性也并不容易一刀两断。在某种意义上，这也正反映了布坎南"相对绝对的绝对"这个观念：一件事物的意义，会随着时空环境的改变而调整，"绝对的绝对"并不存在。

最后，是关于规则（制度）的价值。延续上一点的考虑，规则（制度）的特性在长期才比较清楚；这隐含着一种价值由诞生、寄居到滋长的过程。譬如，诚实的情绪特征一旦出现，其他人不但会作为和这个人交往时的参考点，而且会作为未来合作互惠与否的指标。同样的，"专款专用"和"统收统支"的优劣，也要看环境里的人们对这两种规则（制度）的认知、期许，以及行为上的因应、迎拒。客观上的行为最后还是根据主观上的价值判断，而主观上的判断当然也会受到客观事实的影响。

4.3 引申

除了上一小节对"专款专用"和"相关理论"的整合之外，由这两者之间的关联出发，我也可以推论到经济学（经济理论）的核心观念；让我循序渐进地阐释如下。

首先，一件事物有很多的面向（dimensions）。每一个商品都是由许多属性（characteristics）所组合而成。同样的观念，专款专用和统收统支这两种预算上的做法各包含了许多面向（反映选民偏好上的粗细、经费运用上的利弊、实际操作上的难易等等）。而且，"多面向"的特性不只限于专款专用和统收统支，这是普遍性的通则。

其次，一种规则（制度）的特性往往是利弊共存的。一件事物有许多面向，一种规则（制度）也是如此。而且，这种规则（制度）在各个面向上的特质，往往是有利有弊。譬如，专款专用固然有潜水艇防水舱的功能——一个地方出问题不会扩散到其他部门——这是"利"；但是，专款专用也同时隐含了制度上的僵固性——一个地方出问题时，不能（或不容易）动用其他地方的资源来支持——这是"弊"。既然所有的规则（制度）都是利弊共存，所以选择的结果也是利弊共存。因此，选了其中之一，就享受到这种选择的利，但也同时承担这种选择的弊；而且，选了这一项，就避免了其他选择的弊，但同时也不能享受到其他选择的利。

再次，一件事物的意义是由其他事物所衬托出来的。诚实的意义，是由不诚实所衬托出来的；好人，是由坏人所衬托出来的。专款专用的意义，就是由统收统支以及其他的预算程序所衬托出来的。这表示，在认知一件事物的意义时，我事实上无法只针对这件事物来考虑；我必须联想到其他类似的、相关的事物，然后再借着这些类似和相关事物来衬托出原先事物的意义。当然，这些类似和相关事物的意义，是由另外一些类似和相关的事物所衬托出来的。

最后，也是最重要的体会：事物的意义是相对的。既然一件事物的意义是由其他事物所衬托出来的，因此，一件事物的意义显然是相对于这些其他的事物。如果世界上只有阿里会打拳，我将无法判断他的拳技到底如何；如果世界上只有邓丽君会唱歌，我将无从知晓她的歌声是否美妙。当我想到阿里和邓丽君时，我是利用脑海里所储存的、关于其他人的拳技歌艺的记忆（包括我自己拳脚功夫和歌喉上的造诣），然后再形成我对他们的认知和判断。

4.4 小结

在这一小节里，我先回顾了关于"专款专用"和相关理论讨论的重点；然后，我对这两者提出整合性的分析。在这个基础上，我作进一步的引申；希望能由专款专用这个主题，推论到经济学的核心概念。

5. 结论

这章由探讨一个预算程序上很具体的做法"专款专用"出发，经过推衍引申，最后触及了经济学最核心的观念。虽然由具体而渐次抽象，但是所有的论述都是保持在实证层次（positive level），而没有涉及规范的层次（normative level）。综合而论，这篇文章有三点贡献。

第一，在第 1 节叙述专款专用的理论背景时，我引用了关于"潜水艇防水舱"的论点；布坎南和布伦南指出专款专用在"兴利"上的功能，而我则指出专款专用在"防弊"上的作用。结合这两种论点，可以说是为（狭义的）专款专用提供了完整的理论基础。

第二，第 2 节所论述的相关理论，是挣脱了传统上对于专款专用狭隘的讨论范围。一方面为专款专用理论添增了新的内涵；另一方面借着相关理论烘托出专款专用的抽象意义，并为下一节的论述做准备。

第三，在第3节里，我对专款专用和相关理论提出整合性的分析；并且，借着进一步的引申和论述，阐明专款专用理论和经济学核心观念之间的关联。

弗里德曼（Milton Friedman）曾以"天下没有白吃的午餐"来总结他对经济学的体会，莫迪利亚尼（Franco Modigliani）也以"不要把所有的鸡蛋放在同一个篮子里"来反映他对经济学的心得。这章从专款专用推衍到经济学核心观念可以说是一趟充满兴味的智识之旅；由这一趟智识之旅中或许也可以归纳出一点智识上的慧见（intellectual insight）：经济学之道，"相对"两字而已！

参考文献

Brennan, G., and Buchanan, J.M., "Towards a Tax Constitution for Leviathan", *Journal of Public Economics*, 1977, 8（3）: 255-273.

Brennan, G., and Buchanan, J.M., "Tax Instruments as Constraints on the Disposition of Public Revenues", *Journal of Public Economics*, 1978, 9（3）: 301-318.

Buchanan, J.M., "An Economic Theory of Clubs",
Economica, 1965, 32（125）: 1-14.

Tiebout, C.M., "A Pure Theory of Local Expenditures",
Journal of Political Economy, 1956, 64（5）: 416-424.